JAPANESE DESIGNS MADE WITH NATURAL DYEING

草木で染める
和の絵柄と模様

監修 染工房シゲタ

STUDIO TAC CREATIVE

PREFACE
はじめに

　草花や樹木など、自然の素材から抽出した染料で布を染めることを、「草木染め」と呼びます。四季があり植物の種類が豊富な日本では古くから草木染めの文化が発達し、実に多種多様な植物が染料として利用されてきました。また、例えば江戸時代の京都で始まった友禅染めやインドから伝わった更紗など、模様や柄を染め付けるための技法も、それぞれの時代で発展し現在まで伝えられています。

　本書では、草木から抽出した染料を使い、絵柄や模様を染め付ける方法を紹介します。ただ染めるだけではなく、染めた布を使った12種類のアイテムの作り方を、1つひとつ順を追って丁寧に解説しています。自然の染料で染めた布には、化学染料には出せない味わいがあります。

　初心者の方でも草木染めを楽しめるように、植物の調達方法や必要な道具など、基本的な知識も数多く盛り込みました。本書を読んで自然の素材の奥深さや、染める楽しさを感じていただければ幸いです。

CONTENTS
目次

はじめに	2
目次	4
作品紹介	6

草木染めの基本 — 12

藍の生葉染め — 29
    シルクの生葉染め — 32
    麻布の生葉染め — 38
    藍のたたき染め — 44

型染め — 51
    柿渋染めコースター — 66
    吾亦紅のポストカード — 76
    蓮のタペストリー — 90
    トートバッグの茜染め — 104
    十文字模様の藍染めトートバッグ — 114
    ステンシルで作るオリジナルTシャツ — 122

絞り染め — 129
    藍と刈安の板締め絞り染め手ぬぐい — 132
    藍の手筋絞り染めTシャツ — 142

ろうけつ染め — 153
    花柄入り柿渋染めハンカチ — 156

草木染め用語集 — 170
染料・染色道具を購入できるお店 — 174
工房紹介 — 175

WORKS
作品紹介

シルクの
生葉染め

» P.032

麻布の
生葉染め

» P.038

藍のたたき染め

» P.044

柿渋染め
コースター

≫ P.066

吾亦紅の
ポストカード

≫ P.076

蓮の
タペストリー

≫ P.90

トートバッグの
茜染め

》》 P.104

十文字模様の
藍染めトートバッグ

》》 P.114

WORKS
作品紹介

ステンシルで
作るオリジナル
Tシャツ

》》 P.122

藍の手筋絞り染め
Tシャツ

P.142

WORKS
作品紹介

藍と刈安の
板締め絞り染め
手ぬぐい

≫ P.132

花柄入り
柿渋染めハンカチ

≫ P.156

草木染めの基本
KUSAKIZOME

本書では、初心者の方でも無理なく草木染めを楽しめるように、基本的な知識から順を追って解説しています。まずは染料となる植物の種類や必要な工程、道具について見ていきましょう。

草木染めとは

草木染めは、植物から色を抽出して、主に布地を染める伝統的な染色技法です。草木染めに利用できる植物は多種多様で、基本的に、全ての植物が草木染めに利用できます。ただし、発色の強さや色の定着力、生地との相性などによって、草木染めに向いている植物とそうでない植物があります。

染めた直後はキレイに発色していても、時間が経つと色褪せてしまうことも多いため、染めたものを長く使いたいのであれば、草木染めに適した植物を選ぶことが大切です。

野山に自生する草木を使うこともあれば、液体の状態で販売されている染料もある

染料の調達方法

①野山の植物を採る

小鮒草(コブナグサ)や現の証拠(ゲンノショウコ)といった全国的に自生している植物は、外に生えているのを見つけて入手するのが、手っ取り早いでしょう。都心ではなかなか見つからないかもしれませんが、里山や草原などに行けば、割と簡単に見つけることができます。ポイントは、染める直前に採取するものと、見つけたときに採取し乾燥保存が可能なものとに分けられることです。乾燥保存したものは、いつでも好きな時に染めることができます。

本書の監修者である染工房シゲタの庭先に自生しているゲンノショウコ

②自分で栽培する

藍の生葉染め（P.29〜）では大量のタデ藍の葉が必要ですが、タデ藍は自生していない上に、園芸店等ではあまり扱っていません。藍の生葉を販売している業者を探すのも1つの手ですが、数が少ない上に生葉の状態も分かりません。そのため、自分で栽培するのが最も確実な方法であると言えます。幸い、タデ藍の種は通販などで安く手に入りますし、庭やプランターで簡単に栽培することができます（P.31参照）。

本書の監修者である、染工房シゲタの藍畑。とても丈夫な草なので、自宅のベランダ等でも充分に栽培可能だ

③染料店で購入する

染料店（P.174参照）では、乾燥させて使いやすくした植物染料や、植物から色素を抽出した液体タイプの染料を販売しています。自分で栽培したり自生しているものを探したりするのが困難な植物は、染料店で購入すると良いでしょう。液体タイプの染料の場合、染料を抽出するために煮出す工程が必要ない他、常に一定の色に染められるというメリットもあります。

乾燥して細かく刻んだタイプのインド茜（P.15参照）。50gや100g単位で販売されている

本書で使用する染料植物

・タデ藍

タデ科の一年草。漢方薬や藍染めの原料として、古くから人々の暮らしに関わってきた。雑草の「タデ」とは異なる植物なので注意

・柿渋

まだ青い未熟な柿から搾り取った液を、発酵・熟成させたもの。防虫や防腐効果があり、衣類などの耐久性を高めるため、古くから利用されてきた

・茜（インド茜）

茜の中でも最も色素量が多く、何度も繰り返し染液を抽出できる。根を乾燥させてチップにしたものが染料店で販売されている。ミョウバン媒染で染料と結合し、濃いめの赤色に染まる

・刈安

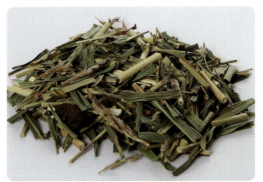

イネ科の多年草で、ススキに似た小穂を付ける。名前の通り、刈りやすく入手しやすかったため、古くから黄色の染料として多用されてきた。藍との交染で、緑色に染める際にも利用される

・小鮒草（コブナグサ）

イネ科の一年草で、日本中の水田のあぜ道などで頻繁に見かける。乾燥保存後、煮出して黄色の染液を抽出できる

・現の証拠（ゲンノショウコ）

全国の野山に自生する多年草で、夏には白や桃色の花が咲く。アルミ媒染では黄茶色だが、鉄媒染で鼠色に染まるのが特徴

・インド藍

インド原産の藍で、マメ科の低木。葉から色素を溶出し、沈殿させた天然染料。本書では、市販の液状タイプを使用する

顔料について

本書では基本的に、天然の植物から抽出した染料を使用して布を染める方法を紹介しますが、一部の作品では柄を付ける過程で顔料を使用しています。顔料とは水や油に溶けない着色料の総称で、染料の色素を沈殿させて水に溶けないようにした「有機顔料」と、天然の鉱物や金属の酸化物などから作られる「無機顔料」があります。布に染み込んで発色する染料とは異なり、豆汁を加えることで定着します。

紅型などと同じように、染料と顔料を併用することで作品製作の幅が広がる

粉末顔料

型染めに適した顔料で、粉末を乳鉢と乳棒で潰し、豆汁を加えて定着させます。本書では、「赤紫」と「本洋紅」の粉末顔料を使用しています。

粉末の顔料は、パック詰めやボトルタイプで販売されている

液状顔料

本書では、型染めの一部の絵柄や、ステンシル（P.122参照）において、液状顔料の「サンカラー」を使用しています。液状の顔料は筆描きしやすく、また色を混ぜて使えるという利点もあります。

液状顔料の「サンカラー」。田中直染料店（P.174参照）では、20色が販売されている

浸し染めと引き染め

草木染めは、染め方によって大きく2種類に分けることができます。1つは植物から抽出した染液の中に、生地をまるごと浸して染める「浸し染め」という染め方です。藍の生葉染め(P.29〜)や絞り染め(P.129〜)では、浸し染めによって染めています。一方、刷毛を使って生地に染料を引く染め方を「引き染め」と言います。型染め(P.51〜)では多くの場合、引き染めを行なうことで染料を生地に染み込ませます。

浸し染め

植物を煮出したり、ミキサーで撹拌(かくはん)することで抽出した染液に、生地をまるごと浸して染める方法です。ムラができないように、手で動かしながら染めることがポイントですが、動かさずにあえてムラを出す場合もあります。

トートバッグを茜の染液に浸して煮染めしているところ(P.107〜108参照)

引き染め

水平に保つように張った生地に、刷毛で染料を引いていく染め方です。本書で紹介している型染めの他、反物の地染めなどに、昔からよく用いられてきました。

藍の生葉の染液を刷毛で引き染めしている

キレイに染めるポイント

1 精練

絹や麻などの繊維には、汚れや雑物などの不純物が含まれており、それらの不純物を取り除くための工程が精練です。精練を行なわずに染めると、染めムラができたり、キレイに染まらないといった、失敗の原因になります。

01　染めたい布の重さの、5%のソーダ灰を水に入れ、菜箸で混ぜて溶かす

02　染めたい布（ここでは麻）を、01の中にゆっくりと浸し、中火で約20分、火にかける

03　20分経ったら火を止め、そのまま30分置いておく

2 豆汁下地

布の繊維が染まるのは、染料と繊維それぞれの分子が持つ、電気的なプラスとマイナスの力によって引き合うためです。動物繊維（タンパク質）であるシルクはこの力が強いため、植物染料を強く引き付けます。麻や木綿など、植物繊維でできた布を染める場合は、大豆の粉を溶かした「豆汁（ごじる）」に浸けて（引き染めの場合は引いて）タンパク質を含ませることで、染まり付きを良くすることができます。

01　大豆の粉（水2ℓに対して40g）を、木綿の布で包む

草木染めの基本

02 包んだ布を輪ゴム等で留め、水に浸して大豆の粉を濾す

03 布を入れて約30分間、動かしながら浸す（詳細な手順はP.41〜42を参照）

③ 酸化の促進

藍の生葉染めでは、藍の色素が空気中の酸素と反応（酸化）することで、発色します。染めた後に酸化剤（オキシドール）を加えた液に浸けて酸化を促すことで、より濃い青色に発色させることができます。オキシドールとは過酸化水素水のことで、濃度3％のものが消毒剤として市販されています（本書では健栄製薬の「オキシドールP」を使用しています）。

01 水1ℓに対して10ccのオキシドールを加える

02 生地を入れ、10分程度浸けておく

03 10分経ったら生地を出して軽く絞る（素材が麻の場合も同様）

媒染とは

草木染めでは、植物から抽出した染液によって繊維を染めますが、それだけでは発色が弱く、また色素が繊維に定着しないため安定しません。そこで、染める前あるいは後に、化学反応によって発色・定着させる「媒染」(ばいせん)という工程が必要になります。媒染にはいくつかの種類があり、本書では「アルカリ媒染」「鉄媒染」「アルミ媒染」の3種類の媒染方法を使い分けており、同じ染料でも媒染の種類によって色が変わります。料理において、例えば黒豆を作る時に豆と一緒に鉄釘を入れて煮るとキレイな黒色になりますが、あれは鉄媒染と同じ原理です。

コースターの製作(P.66〜)において、生地を柿渋で染めた後に、上下で異なる媒染をした状態。上のウサギ柄の方には鉄媒染、下の花柄の方にはアルカリ媒染が施されている

アルカリ媒染

染液とアルカリの結合によって発色する媒染方法です。監修の染工房シゲタではアルカリ媒染に、灰から作った灰汁(あく)を使用していますが、本書では市販されているソーダ灰(炭酸ナトリウム)を使用します。

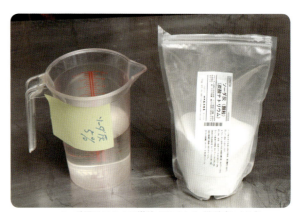

ソーダ灰はアルカリ媒染だけでなく、精練(P.18参照)にも利用できる

鉄媒染

鉄媒染液は、錆びた鉄釘（酸化鉄）とお酢で作ることが定番です。1:1の割合で混ぜたお酢と水の中に錆びた釘を入れ、30分程火にかけると黒い液ができるので、ビン等に入れて一週間程寝かします。市販の媒染液を使えば、より手軽に媒染できます。本書でも、市販の「木酢酸鉄液」を使用しています。

自分で媒染液を作っても良いが、市販の媒染液を使えば、より簡単に媒染を行なうことができる

アルミ媒染

アルミ媒染としては、古くからミョウバンが使用されてきました。ミョウバンは染色店で媒染用のものを購入できる他、スーパーなどで売っている「焼きミョウバン」も使えます。ミョウバンの他には、椿灰（椿の枝葉を燃やして作る灰汁）や化学薬品の酢酸アルミニウムが、アルミ媒染に利用されています。

ミョウバンは熱して水に溶かし使用する。ミョウバンの濃度は3％〜5％で、出したい色によって調整する

草木染めで使う主な道具

・ボウル（ステンレス）

浸し染めや精練を行なう場合に、火にかけられるステンレス製のボウルがあると便利

・ミキサー

・ゴム手袋

藍の生葉を攪拌（かくはん）し染液を作る際に使用する

布を染液に浸けて染める際に、手が染まらないようにゴム手袋をはめる

草木染めの基本

・伸子（しんし）

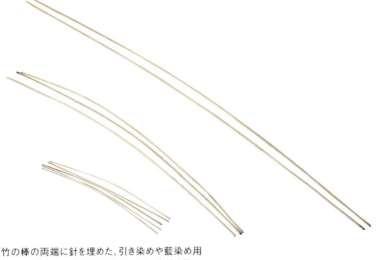

竹の棒の両端に針を埋めた、引き染めや藍染め用の道具。刷毛で染液を引きやすいよう、生地を均一に張るために使う（P.53参照）

・張り手

「張り木」とも言い、二本の木の間にある針を当て布に刺し、ロープで柱と柱の間に、布を水平に張らせる（P.53参照）

・防染糊（ぼうせんのり）

もち粉と小紋糠で作る、型染め用の糊。型紙の上から生地に置き、糊を置いた部分には染料が入らないようになる（作り方はP.62〜65を参照）

・型紙と紗

絵柄や模様の形に彫った型紙に、紗(目の細い網)を貼って作る。作り方はP.54〜61で解説

・型付ヘラ

型染めに使う糊置き用のヘラ。適度なしなりがあり、防染糊を置くのに適している

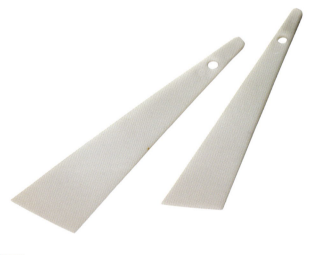

・糊筒

色を差した箇所に、上から糊を置いて防染する際に、内金と外金を装着して使用する

草木染めの基本

・刷毛

引き染めの際に使用する刷毛。型染め用の刷毛でなくても良いが、ペンキ刷毛など広い範囲を引けるものが適している

・摺り込み刷毛

花弁など、狭い範囲に色を付ける時などに使用。サイズが細かく分かれているので、複数あると便利

・計量カップ

精練や媒染に使う薬剤等、様々な材料を量る際に使用する。様々な大きさや用途があり、そのまま火にかけられる耐熱ガラス製のものもある

25

・青華

水で洗い流すと消える、下絵用の色液。筆に染み込ませたり、空の筆ペンに液を入れたりして使用する

・面相筆

青華で下絵を描く際や、ろうけつ染め（P.153～）でろうを描く際に使用する

・乳鉢と乳棒

粉末の顔料を磨り潰して、豆汁等を加えて溶かす際に使用する

草木染めの基本

・アイロン

型紙と紗を接着する際(P.57)や、ろうけつ染めのろうを吸い取る際(P.168)に使う

・デザインカッター

ペンの形状をしており、細かい切り出しの作業に適したカッター。型紙を彫る時に使う

・不織布

染液を濾す際に、ザルに被せて使用する

・圧力鍋

防染糊を作る工程において、糊を蒸す際(P.64)に使用する

・金槌

藍のたたき染め(P.44〜50)で、布をたたくのに使う。なお、たたく際は固い木の板の上などで行なう

・温度計

染料や薬品によっては、煮出す際に温度管理が必要になる

27

Column　草木染めの歴史

　染め物の歴史は古く、エジプトのピラミッドから見つかった約4000年前の藍染めの麻布が、世界最古の染め物だと言われています。もともと植物の種類が多い日本でも古くから植物染めの文化が発達し、縄文時代の遺跡から染色を行なっていた形跡が発見されており、また弥生中期の吉野ヶ里遺跡から出土した絹織物からも、植物から採取した染料が検出されています。染色の原始的な形は、植物を擦り付けて色を付ける方法でした。土器の登場により、薬として植物を煎じて飲むようになり、煮出した染液で布を染めるようになります。

　聖徳太子の時代に定められた冠位十二階では、紫が最も位の高い色として用いられていますが、それは紫色を採取できる「紫根」や「貝紫」といった植物が、非常に高価であったためだとも言われています。江戸時代には染織の文化は全盛を迎え、藍染めを中心とした染め物を営む「紺屋」(こんや)が栄え、全国各地に紺屋町(染め物商人が多く住んだ町)ができました。当時の紺屋での様子を描いた絵馬では、仕事の様子や当時の服装を見ることができます。ちなみに、糊による防染の技法が確立されたのも江戸時代で、同じ絵柄を大量に生産できるようになったことで、庶民でも気軽に着物を楽しめるようになりました。

　しかし明治時代になり、ヨーロッパから合成染料が入ってくると、植物染料による染め物の文化は衰退していきます。安価で同じ色を確実に出すことができる合成染料は、あっという間に、それまで主流だった天然の染料に取って代わりました。

　そして戦後には、ナイロン、アクリル、ポリエステルの三大合成繊維の登場に伴い、"化学技術"としての染色はさらに発展していくことになります。そもそも「草木染め」という言葉は合成染料と区別するため、昭和初期に作られた言葉であり、植物染料が中心の時代には、草木染めなどとは呼ばれていませんでした。

　それでも近年、伝統文化を残したいという意識を持った人達の努力により、再び草木染めが注目され、静かなブームとなっています。同じ色を出すのが難しいという草木染めの欠点も、見方を変えれば良い"味"となり、むしろ合成染料にはない優しい色合いや風合いを好む人が増えているのです。

藍染絵馬
(画像提供:熊谷市立江南文化財センター)

藍の生葉染め
AINONAMABAZOME

媒染無しで染めることができる藍の生葉は、草木染めを代表する植物染料の1つです。特にシルクとの相性が良く、透き通るようなスカイブルーに染まります。

生葉染めとは

新鮮な藍の葉を水と一緒に撹拌（かくはん）することで染液を作り、染めたい布を染液に浸す染め方を、「藍の生葉染め」と言います。火や助剤を使わずに染めることができるため、初心者の方に最もおすすめな草木染めです。「藍染め」と言うと、濃いインディゴブルーを想像するかもしれませんが、生葉染めの場合、鮮やかなスカイブルーに染まります。なお、本書ではミキサーを使って染液を作りますが、水の中でタデ藍の葉を手揉みすることでも、染液を抽出することができます。

タデ藍の生葉と水をミキサーにかけて作った染液に、そのまま布を浸して染める。染液を作ってから素早く染めることがポイントになる

生地の処理

藍の生葉染めに最も適している生地は、シルク（絹）です。シルクはたんぱく質が主成分で、プラスとマイナスどちらの電気力も強く引きつけるため、藍の染料の分子と容易にくっ付きます。

麻や木綿などの植物繊維も電気を帯びていますが、シルクほど強くはありません。そのため「精練」と「豆汁下地」という処理を施すことで、染め付けを良くする必要があります（P.18～19参照）。

布に付着したのりや汚れを落とすために、アルカリの水溶液に浸して熱することを「精練」という

「豆汁下地」では、たんぱく質の豊富な大豆の粉を溶かした汁（豆汁）に浸すことで、染料への反応を促し、染まり付きを良くする

タデ藍の特徴

タデ藍の葉には、インディカンという物質が含まれています。この成分が水に溶けると繊維にしみ込みやすくなり、空気にさらされることで藍の色素である「インディゴ」に変わります。水に溶けず繊維にしみないインディゴは、染めた生地を空気にさらすことで発色します。

収穫した直後のタデ藍の葉。時間が経つと元気が無くなってしまうため、できるだけ染める直前に収穫した方が良い

藍の生葉の入手方法

藍の生葉は、染料店や園芸店などでは購入できません。そのため入手するには、自分で育てて収穫するか、藍の生葉を販売している業者を探す必要があります。自分で育てる場合は庭やプランターに種を蒔き、充分に成長したところで収穫します（タデ藍の種は、ネット通販などで手軽に手に入ります）。タデ藍は日本中どこでも栽培することができ、種蒔きに適した時期は4月の半ば頃、収穫時期は7月半ば〜9月半ば頃です。

茎は生葉染めには使用できないが、煮出して染料として利用することもできる

根元から15cm〜20cmほど上の部分を収穫する。残した茎から再び成長する

⚜ シルクの生葉染め

藍の生葉と相性の良い、シルクのスカーフを染めます。タデ藍の染料が空気と反応することで、鮮やかなスカイブルーに発色します。

作業の流れ

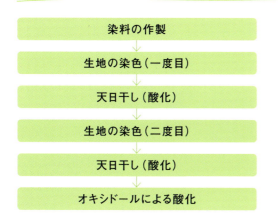

- 染料の作製
- 生地の染色（一度目）
- 天日干し（酸化）
- 生地の染色（二度目）
- 天日干し（酸化）
- オキシドールによる酸化

藍の生葉でシルクの生地を染める場合は、媒染なしでキレイに染まります。藍の生葉の染液に浸す「染め」、そして天日干しで空気にさらす「酸化」を、好みの色になるまで繰り返します。工程が少なくシンプルな染め方なので、草木染めの入門にもオススメです。なお、手が青く染まってしまうので、必ず手袋をして作業してください。

材料

1. ストール（シルク） …………………… 170cm×50cm
2. 藍の生葉 …………………… ストールの重さの4倍～10倍の量
3. オキシドール …………………… 水1ℓに対して10cc程度

道具

- ミキサー
- 洗濯ネット
- タイマー
- ゴム手袋
- ボウル（ステンレス、ポリ）

STEP 1 染液を作る

01 ボールにお湯を張り、シルクのストールを5分程度浸けておく

02 藍の葉を水で洗いながら、葉を手でちぎって茎と分ける（葉の部分のみを使う）

03 ミキサーに、藍の葉がひたひたになる程度の水を入れる

04 03に藍の葉（ストールの重さの4〜10倍の量）を入れる。藍の葉の状態によって適量は異なり、今回のように元気な葉であれば、量が少なくても問題ない

05 ミキサーのスイッチを入れ、1分間混ぜる（タイマーで計る）

06 洗濯ネットの中に液を入れ、できた染液を濾す。濾した染液がボウルに溜まるように、必ずボウルの上で行なう

藍の生葉染め

Point

07 ネットのファスナーを閉め、押さえたり絞ったりしながら、葉に含まれる藍の成分を抽出する

08 これで染液が完成。ミキサーを止めてから染め終わるまでのリミットが20分程度なので、素早く作業しよう

STEP 2 生地を染める(一度染め)

09 ストールの端から、ゆっくりと染液に浸す

10 染液に浸かった部分を手で動かしながら、徐々に全体を浸していく

11 染液に浸かっている部分から、徐々に染まっていく。初めは緑色に染まる

12 生地の全体が染液に浸かったら、広げたりして生地を動かす

13　5分間、動かし続ける。動かし続けることで、染めムラを防ぐことができる

14　5分経ったら、ストールを染液から取り出し、写真のように両手でギュッと押さえて染液を絞り出す

15　生地を軽くねじって絞った後、開いて物干し竿に干す（染液はそのまま取っておく）

16　屋外に干して空気に触れさせ、酸化させる。数分程度干しておけば、徐々に青くなり始める

STEP 3　生地を染める（二度染め）

17　生地が好みの色に染まった場合、この作業は行なわずに21へ進む

18　再度09〜15と同じように染める（二度染め）

藍の生葉染め

19 一度目と同様に5分間、動かしながら染める。液が濃く、充分に染まった場合は早めに終わらせても良い

20 16と同じように、干して酸化させる。その後、まだ濃度が充分でなければ、染液を新たに作り三度目を行なう

STEP 4 オキシドールで酸化を促し水洗いする

21 ボウルに水を張り、オキシドールを加える（水1ℓに対して10cc程度）

22 21の液に生地を浸ける。軽く動かしながら10分間浸けておく

23 10分経ったら力を入れずに優しく絞り、水洗いする

24 天日干しし、乾いたら完成

麻布の生葉染め

植物繊維である麻布も、生葉で染めることができます。麻の場合、精練と豆汁下地の処理を行なうことで、染め付けを良くしてあげる必要があります。

作業の流れ

```
精練
  ↓
豆汁下地
  ↓
染料の作製
  ↓
生地の染色（一度染め）
  ↓
天日干し（酸化）
  ↓
生地の染色（二度染め）
  ↓
天日干し（酸化）
  ↓
オキシドールによる酸化
  ↓
天日干し
```

シルクと違い植物繊維である麻も、藍の生葉で染めることができます。ただし、麻布を染める場合は事前に精練を行ない、染めムラを防ぎ染まり付きを良くしてあげる必要があります。また植物繊維なので、豆汁による下処理も必要です。

材料

1. 麻布のストール ………… 180cm×50cm
2. 藍の生葉 ………… ストールの重さの、4倍～10倍の量
3. オキシドール ………… 水1ℓに対して10cc程度
4. 大豆粉 ………… 水2ℓに対して40g
5. ソーダ灰 ………… ストールの重さの5%

道具

- ミキサー
- タイマー
- 手ぬぐい
- 輪ゴム
- ボウル（ステンレス、ポリ）
- 洗濯ネット
- ゴム手袋

STEP 1 生地の精練を行なう

01 ステンレスのボウルにお湯を入れ、ソーダ灰(ストールの重さの5%)を加え、菜箸で混ぜて溶かす

02 ゴム手袋をはめ、01に麻布を端から浸していく

03 中火で約20分、火にかける

04 火を止めて、そのまま30分以上置いておく

05 ボウルに水を溜め、麻布を水洗いする

06 麻布を絞り、干して乾かす

STEP 2 豆汁下地をする

07 木綿の布に、大豆粉を出してくるむ

08 大豆粉を布の底に集め、布の余分を輪ゴムで縛り袋状にする

09 ボールに水を入れ、大豆の部分を水に浸し、揺らしながら濾す

10 水の色が白く濁るまで続ける。これで豆汁は完成

11 豆汁に麻布を、生地の端からゆっくりと浸けていく

12 手で動かしながら、麻布全体を豆汁に浸ける

13 時々手で動かしながら、30分ほど浸けておく

14 麻布を豆汁から出して固く絞り、屋外に干して乾かす

STEP 3 生地を染める

P34の02〜08を参考に、タデ藍の葉から染液を作る
15

16 ボウルにお湯を張り、麻布を5分程度浸けておく

17 生地の端から、徐々に全体を染液に浸していく

18 広げるようにして動かしながら5分程度、麻布を染液に浸ける

藍の生葉染め

19 染液から出して、軽く絞る

20 数分間、天日干しして酸化させる

21 再び染液に浸けて、動かしながら染める（二度染め）

22 希望する色になるまで17〜20を繰り返し、P.37の21〜24と同様にオキシドール液に浸け、水洗いして乾かせば完成

Column　ミキサー無しで染める方法

タデ藍の生葉は、ミキサーを使わなくても染液を取り出すことが可能です。その場合は、生葉をできるだけ細かくちぎり、不織布に包んで輪ゴムなどで縛ります。ボールに水を張り、生葉を包んだ不織布を水に浸けたら、水の中で葉を擦り合わせるようにして動かすと、生葉の汁が水にしみ出てきます。充分な濃度になるまで汁を出したら、染めたい布を入れ、あとはP.35の09〜と同じ手順で染めていきます。

藍のたたき染め

藍の葉を布に叩き付けて染める、とても簡単な草木染めです。お子さんでも簡単にできるので、親子で楽しめます。

作業の流れ

- 生葉の準備
- 下絵描き
- 叩き染め
- オキシドールによる酸化
- 水洗い

叩き染めをする際は、染める布と当て布の2つの布が必要です。今回は長めの手ぬぐいを2つに折ることで、1枚で済ませています。手順は簡単で、染めたい布の上に葉っぱを好きなように置き、当て布を被せて金槌で叩くだけ。叩く音を抑えるため、作業は固い木の板や厚めのまな板等の上で行ないましょう。

材料

1. 手ぬぐい（綿） ……………… 90cm×36cm
2. 藍の生葉 ……………… 必要な量
3. オキシドール ……………… 水1ℓに対して10cc程度

道具

- 金槌
- 木の板（厚めのまな板等でもOK）
- ハサミ
- 青華
- 面相筆
- ボウル（ステンレス）
- ピンセット

STEP 1 染める位置に生葉を置く

01 藍の生葉を水で洗う

02 藍の生葉を、染めたい位置に置いていく。手ぬぐいの右半分は当て布に使うため、左側のみに置く

03 手ぬぐいの右側を、葉の上から被せ覆う

04 こうすることで、両側をいっぺんに染めることができる

STEP 2 金槌で叩く

05 生葉を置いた位置を、金槌で叩く。まずは全体を大まかに叩き、生葉の色を布に透けさせる

06 生葉の色が透けてきたら、小刻みに叩いて葉の色をしっかりと布に定着させる

藍の生葉染め

Point

07 このように、生葉の形がクッキリと浮き出るまで叩く

08 全ての葉がくっきり浮き出るまで叩いたら、手ぬぐいをゆっくりと開く

09 布に付いた生葉を手ではがす

10 手ぬぐいの両側に、葉の形に合わせて色が付く

STEP 3 生葉を切って好きな形に染める

11 ちょうど良い大きさの生葉を手に取り、ハサミで好きな形にカットする

12 切った生葉で、手ぬぐいの上で動物の形を作る

13 作りたい形に生葉を置いたら、手ぬぐいの反対側を畳んで被せる

14 被せたらズレないように、上から手で押さえる

15 P46の05〜P47の07を参考に、生葉の上から金槌で叩く

16 クッキリと形が浮き出るまで叩く

17 手ぬぐいをゆっくりと開く

18 くっ付いた生葉をはがして、10分程度置いておく。その後、オキシドール液に10分程度浸す

STEP 4 下絵を描いてから染める

19 藍の葉を置く前に下絵を描きたい場合は、青華（水で洗うと消える）を使う

20 小皿に青華の液を適量出し、面相筆にしみこませる

21 面相筆で下絵を描く。絵だけでなく、文字を書いて染めることもできる

Point

22 丸い模様や曲線部には、葉を重ねることで隙間を埋めていく

23 下絵に合わせて藍の葉を置いていく。このように細いスペースに置くような場合は、ハサミで切ってから置く

24 広い範囲を染める場合は、まず始めに輪郭から叩く

25 輪郭が染まったら、内側も叩いて染めていく

26 このように、絵柄がクッキリと浮かび上がるまで叩く

Point

27 手ぬぐいを開いて、藍の葉をはがす。細かい葉は、ピンセットを使うとはがしやすい

28 文字の形に合わせて置いた部分も、同じように叩く

29 手ぬぐいを開いて、文字の部分の葉をはがし、10分程度置いておく。その後、オキシドール液に10分程度浸しておく

30 ボウルに水を溜め手ぬぐいを洗う。両手で引っ張りながら動かすことで、こびり付いた葉を落とすことができる

型染め
KATAZOME

日本の伝統的な染色技法である型染めは、型次第でどんな柄でも染め付けることができます。型の作り方から順を追って丁寧に解説するので、好きな柄を染めてみましょう。

型染めとは

型染めとは、型紙の上から防染糊（ぼうせんのり）を置き、糊を置いた部分には染料が入らないようにすることで、模様を表す日本の伝統的な染色技法です。型紙の使い方や配置次第で、連続模様にしたり柄に変化をもたらすことができるという、大きな利点があります。

型紙の上から糊を置くことで、模様のカットされた部分のみ染料が付かないようにすることができる

型染めの技法

１　糊置き

生地に型紙を置き、型紙の上から防染糊を置くことで、型紙のカットされた部分に糊が置かれていきます

２　色差し

草木から抽出した染料の他、豆汁と混ぜた顔料を差して色を付けます

３　糊伏せ

色を差した箇所の上に糊を置くことで、染料が入らないようにします

４　抜染

無地で染めた生地の上に、抜染剤を含んだ糊を置き、糊を置いた部分の色を抜く技法です

伸子・張り手の使い方

型染めに欠かせない道具に、「伸子」(しんし)と「張り手」があります。伸子は生地の裏側に付けることで、生地をピンと張るために使います。張り手は、生地の左右を挟み柱などにロープで括り付け、生地が水平を保つように宙吊りにするための道具です。張り手を使う際は、そのまま生地に針を刺すと生地を傷めてしまうため、生地の左右に当て布(素材は綿のさらし等がよい)を縫い付け、当て布に針を刺すようにします。なお、張り手が無い場合は、本ページの最後に紹介する方法でもできます。

・伸子を張る

伸子の両端には針が付いているので、生地の耳の部分に針を刺す。反対側の針も同様に、生地の耳に刺す

同じように、間隔を空けて複数の伸子を付ける

このようにして生地の裏側に伸子を付けることで、竹の弾力によって生地のシワや弛みを取ることができる

・張り手を付ける

張り手の針を下にして、当て布を針に刺す。張り手を閉じると、上の穴に針が収まり固定される

張り手のひもに付けたロープを、柱などにしっかりと括り付ける(ロープを長くして、P.80を参考に結ぶ)

このように屋外でも、生地が水平を保つように宙吊りにすることができる

・伸子の掛け方(張り手が無い場合)

2本の伸子を角から対角の角へと斜めに刺し、交差させる

交差させた伸子の下に、生地幅を引っ張るための伸子を数本取り付ける

このように、交差させた伸子を持ち手として持ち、伸子の付いていない方を上に向けて染料を引いていく

型紙の作り方（アイロン接着）

型染めにおいて欠かせない、型紙作りの工程を紹介します。監修の染工房シゲタでは、模様に合わせて彫った型紙に、漆系の合成樹脂塗料「カシュー」を使って紗（シャ）を貼ります（紗張り）。ただし最近では、アイロンを使って簡単に紗を貼ることができる型紙が販売されていますので、家庭で行なう場合はそちらを使った方が手軽です。

STEP 1 下絵を型紙に書き写す

01 下絵を用意する。単純な絵柄から複雑な模様まで何でも良いが、デザインカッターで彫る作業は時間がかかるので、最初は簡単なものから始めるのがお勧め

02 下絵の大きさに合わせて型紙（田中直染料店：洋型紙STのり付10番）を切る

03 トレース台（ガラスの裏から光を当てる機器で、簡単に自作も可能）を用意する

04 光が当たるように下絵の上に型紙（のり付き面が上）を置き、養生テープで留める

05　下絵が透けるので、ボールペンで下絵を書き写す

06　トレース台を用意しなくても、このように窓に貼り付けて、日光の光でトレースすることも可能

STEP 2　型紙を彫る

07　トレースが完了したら、カッターマットとデザインカッターを用意する

08　彫った後に絵柄が抜けないようにするために、つなぎの線を書いておく

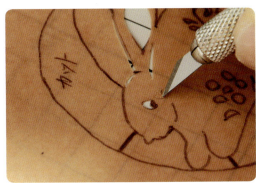

09　デザインカッターで、中の絵柄から切り抜いていく。ペンを持つように持ち、切りたい方向に引いて切ると切りやすい

10　丸を切り抜く際は、デザインカッターを型紙から離さずに、型紙を回しながら切っていくと、切り抜きやすい

11 これで、ウサギの中の模様を切り抜けた。次はウサギの輪郭と、外枠の間を切り抜いていく

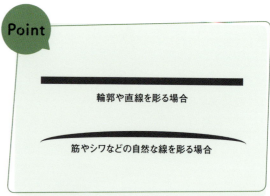

12 線を切り抜く時には、上の2つのパターンがある。線の種類によって使い分けよう

Point
輪郭や直線を彫る場合
筋やシワなどの自然な線を彫る場合

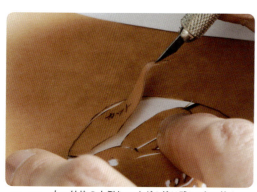

13 丸い外枠の内側を、つなぎの線は残して切り抜く

14 つなぎとつなぎの間のスペースを切り抜けば、このようにウサギとつなぎの線のみが残る

STEP 3 型紙に紗を張る

15 テトロン紗を、型紙と同寸に切る

16 型紙の上に紗を置き、白い薄めの紙2枚で型紙と紗を挟む

17 アイロンを低温に設定し、紙の上からかける。中央から外側に向けて、5秒くらいかけて動かす

18 反対側へも同様に、5秒程度かけてアイロンを当てていく

Point

19 アイロンの温度が高かったり、当てる時間が長かったりすると、このように紙が貼り付いて取れなくなることがあるので注意する

20 紙を取り、型紙に紗が付いたことを確認する

21 型紙を裏返して紗を貼っていない方を上に向け、デザインカッターでつなぎを切る

22 これで型紙が完成。紗張りした型紙できれいに糊を置くことができる

型紙の作り方（カシュー接着）

次に、桜の花をモチーフにした型紙を作る場合を例に、カシューを使った紗張りの方法を解説します。カシューは「No91 黒」を、別売りのカシューシンナーと混ぜて使います。なお、下絵は自分で描かなくても、プリントされたものを使うことも可能です。

STEP 1　下絵を型紙に書き写す

01 下絵に合わせて型紙を切り、P.54〜55と同様にして下絵を型紙にトレースする（下絵を用意せず、型紙に直接描いても良い）

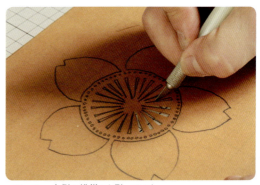

02 内側の模様から彫っていく

03 急いで彫ると、線をはみ出して刃が変な方向へ動いてしまう等ミスにつながるため、ゆっくりと線に沿って刃を動かす

04 花ビラの部分を彫る

05 誤ってつなぎを切ってしまった場合は、このように、細く切った養生テープ等で修復する

06 今回のデザインは外枠が無いため、つなぎの線も必要ない

STEP 2 カシューで型紙に紗を張る

07 テトロン紗を、型紙と同寸に切る

08 容器にカシューシンナーを入れる

09 次に、カシューシンナーとの比率が3:7くらいになるように、カシューを入れる（カシューの方が多め）

10 カシューがテーブル等に付くと落ちにくいため、新聞紙を敷いて作業する

11 ペンキ刷毛でカシューとカシューシンナーを混ぜる

12 中心から左右へ、カシューを塗っていく

13 次に縦方向へと、十字を描くように塗る

14 十字に塗ったカシューを伸ばして、空いたスペースへと広げる

15 最初に塗ったカシューを充分に伸ばし、カシューを足しながら紗にシワができないように塗っていく

16 空いているスペースが無いように、全体に満遍なく塗る

型染め

17 新聞紙にカシューが付いていない、キレイな箇所へ型紙を移し、刷毛で紗の目からカシューを取り除く

18 新聞紙を取り替え、まだ紗の目に残っているカシューを取り除く

19 このように、型紙の彫った部分が完全に見える状態になればOK

20 新聞紙を取り替え、その上で半日以上乾かす

Column　型紙に使う紙

型染めに使う型紙はもともと、和紙に柿渋を塗った「渋紙」を使っていました。渋紙は水に強く彫りやすいため、型紙に適しています。コストの関係から、現在では洋型紙を使用することが多くなりましたが、細かい柄を彫る場合など、渋紙の方が彫りやすいという理由で、渋紙を好む職人の方もいます。

61

防染糊の作り方

型染めでは、型紙の上から糊（防染糊）を置くことで、染めた際に糊のある場所に染料が入らないようにします。型染め用の防染糊は、モチ粉と小紋糠（こもんぬか）を合わせて練ったものを蒸し、さらに消石灰と塩を加えて練って作ります。道具には、料理に使う粉ふるいと、家庭用の蒸し器を使います。

- 小紋糠ともち粉を合わせて練る
- 圧力鍋で蒸す
- 塩を加えてすりこ木で練る
- 消石灰を加える

STEP 1　原料を合わせる

01　計りで、小紋糠を200g計る

02　小紋糠を粉ふるいに入れ、手で叩いてふるいからボウルに落とす

03　もち粉を250g計る

04　小紋糠と同じように、粉ふるいにかける

型染め

05 もち粉を小紋糠と合わせ、350ccの水を加える

06 手でよく練り合わせる

Point

07 力を使う仕事だが、しっかりと練ることで弾力のある使いやすい糊になる

08 充分に練ったら、棒状にこねて複数個に分ける

STEP 2 糊を蒸す

09 棒状にした糊を、ドーナツ状に丸めていく

10 圧力鍋に水を入れて蒸し布（ない場合は手ぬぐい等で代用）を広げ、その上に糊を置いていく

11 糊を全て入れたら、蒸し布を閉じる

12 圧力鍋を火にかける。シュルシュルという音がしてきたら、そのまま約50分蒸らす

STEP 3 塩と消石灰を合わせて練る

13 50分蒸したら、圧力鍋の火を落とし、圧力が抜けたら糊を取り出してボウルに入れる

14 塩を60g量る。梅雨時は塩を少なめ、乾燥する時期は多めにするのがポイント

15 13の糊に塩を加える

16 すりこ木で練りながら、塩と糊を混ぜ合わせる

型染め

これくらいの粘りが出るまで練り続ける
17

消石灰15gを量り、水を100cc加える
18

18を糊に加える（1回に全て入れるのではなく、2,3回に分けて加える）
19

18を加えながら、すりこ木でさらに練っていく
20

Point

21 充分な粘りが出るまで練る。粘りが少ないと、ヘラで型付けする際に伸びづらく、使いづらい糊になってしまう

これくらいの粘りが出るまで練れば完成。密閉できる容器に移して冷蔵庫で保管する
22

柿渋染めコースター

ウサギと桜の花をモチーフにした、和テイストのコースターです。麻の布(生平)を柿渋で染めることで、コーティングされて張りのある質感になります。

※型紙の下絵見本：P.172

作業の流れ

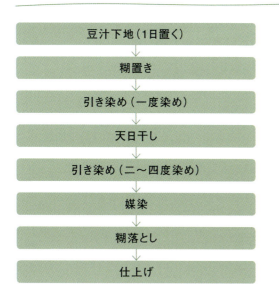

豆汁下地（1日置く）
↓
糊置き
↓
引き染め（一度染め）
↓
天日干し
↓
引き染め（二〜四度染め）
↓
媒染
↓
糊落とし
↓
仕上げ

最初に、麻布に豆汁下地をします。型紙を載せ、防染糊を置いて柿渋を三度、引き染めします。うさぎには鉄、桜にはソーダ灰と、それぞれ別の媒染剤を使用して、色味が異なる2種類のコースターを作成します。

材料

1. 麻生平布（精練済み） ……………………………… 45cm×48cm
2. 柿渋液 ……………………………… 20ccを3〜4回分
3. 木酢酸鉄 ……………………………… 4cc
4. ソーダ灰 ……………………………… 30g
5. 大豆粉 ……………………………… 水1ℓに約30g

道具

- 型紙
- 防染糊
- S字フック
- 刷毛
- 伸子
- 計量カップ
- ボウル（ステンレス）または深めのバット
- アイロン
- 養生テープ
- 型付けヘラ
- 青華
- 面相筆
- ボール紙
- ヘラ（和裁用）

STEP 1 生地の下準備をする

01 P.53を参考に、コースターの生地を張り手と伸子で宙吊りに張り、刷毛で豆汁を引く。その後、天日で乾燥させ、再び豆汁を引く（P.41 07〜10参照）

02 豆汁が乾いたら張り手から外し、1日置く。飛び出している糸があれば、糸切りバサミで切る

03 さらにコロコロ（粘着テープ）等を使ってゴミやホコリを取り除く

04 平らな場所に生地を置き、動かないように養生テープで留める

05 青華で、糊を置く位置を記す。今回は、1つの生地から6枚のコースターを作る

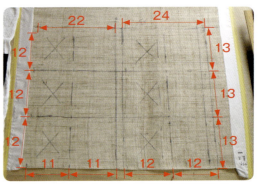

06 ×印を書いた位置が、絵柄を染める位置になる

STEP 2 型紙を使って糊置きする

07 型紙を柔軟にするために水に浸けておく。型紙を水から出し、タオルで水気を取る

08 型紙の余白を折り曲げて立て、生地の×印に合わせて置く

09 ヘラで型紙の上に糊を置いていく。型紙が動かないよう、前に押して置くときは型紙の手前を手で押さえ、戻す時は奥側を手で押さえる

Point

10 最初は少し力を入れ、このようにヘラを進行方向に向けて斜めに倒して、柄に合わせて糊を置いていく

11 次に力を抜いて、糊を盛るようにして厚みを付ける

12 柄全体に糊置きしたら、型紙の角を持ってゆっくりとはがす

13 今回のように、1つの生地で2枚以上のコースターを作る場合、1cmの縫代を空けて、次の場所に糊を置くようにする

14 桜の型紙も、同じようにして糊を置いていく

15 うさぎの場合と同様、必ず1cmの縫代を空け、次の場所に糊を置いていく（糊が付かないように、型紙を浮かせた状態で位置を確かめながら移動する）

16 型紙をゆっくりとはがし、型通りに糊が置けていることを確認する。糊が乾くまでこのまま置く。使い終わった型紙は水に浸け、ふやけたら糊を洗い流す

STEP 3 柿渋で生地を染める

17 今回はP.53の方法で、伸子で持ち手を作り、作業をする。伸子は、生地と当て布の境に刺す

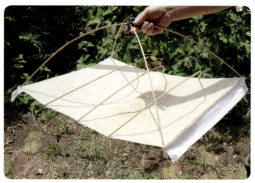

18 持ち手を作ったら、生地を張るための伸子も取り付ける

19 計量カップで20ccの柿渋液を量る

20 柿渋液と水が1:1になるように、水20ccと柿渋液を混ぜる

Point

21 柿渋の液は固まりやすいので、固まっている場合は不織布で濾してから使う

22 刷毛を20の液に浸け、まずは生地の右端から（右利きの場合）、天地方向に引く

23 次に、刷毛を横に動かしてムラにならないように引いていく

Point

24 柿渋液は少しだけでなく多めに取り、天地方向に伸ばした液をそのまま左右に伸ばすようにして引いていくと、ムラになりにくい

25　全体に引き終えたら、持ち手をS字フック等に掛けて干し、乾くのを待つ

26　柿渋液が乾くと、酸化によって色が変わる

27　柿渋の2度染めを行なう。引き終えたら乾かし、3度染めも同じように行なう

Point

28　1度目はすべりが悪くムラになりやすいが、2回目はすべりが良くなりスムーズに染液を引けるようになる

STEP 4　それぞれに媒染剤を引く

29　今回は、うさぎと桜で別の媒染処理を行なう。200ccの水に対して、木酢酸鉄を4cc加え、2%の鉄媒染液を作る

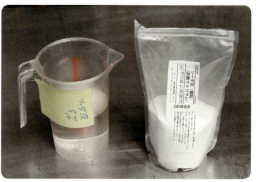

30　水600ccにソーダ灰30gを加えて、5%のアルカリ媒染液を作る

型染め

31 うさぎと桜の間を分ける線が消えている場合、改めて青華で書く

32 29の鉄媒染液を、刷毛でうさぎの方に引く

33 柿渋の液を引いた時よりもたっぷりと液を取って、満遍なく引く

34 33が乾いてから、30のアルカリ媒染液を別の刷毛で桜の方に引く

35 うさぎの時と同じように、たっぷりと液を取って満遍なく引く

36 媒染液を引き終えたら、布を水平にして乾かし、1日以上置いておく

STEP 5 糊を落とす

37 ボウル等に水を溜め、端から生地を浸していく（媒染の境目まで浸ける）

38 今回は媒染剤を分けているので、移染しないようにアルカリ媒染と鉄媒染部分を分けて洗う

39 20分程度浸けて糊が落ちやすくなったら、水を流しながら生地を斜めに引っ張り、糊を落とす（こすらない）

40 糊を落としたら、水を取り替えきれいな水で洗う。絞らずに、洗濯バサミで弛まないように干す

STEP 6 コースターを仕上げる

41 乾いた生地をアイロン台の上に置き、アイロンをかけて整える

42 コースターを1枚1枚、同じ大きさに切る

型染め

43 コースターの寸法（うさぎは10cm×20cm）に合わせてボール紙を切り、折り曲げるための型紙にする（縫い代が1cm必要なため、四辺を1cmずつ短く切る）

44 生地の裏側を上に向け、43の型紙を置く。ボール紙を手で押さえながら、ボール紙に沿わせるようにしてヘラで折り返す

45 四方の折り返し部分を、アイロンで押さえる

46 天地を半分に折り曲げ、アイロンで押さえる

47 端の重なる部分を縫い合わせれば完成（手縫でもミシンを使ってもOK）

48 桜の方も、全く同じ要領で仕上げる（寸法が異なる場合は、型紙を新しく用意する）

吾亦紅のポストカード

源氏物語にも登場する吾亦紅(ワレモコウ)は、日本人にとって馴染み深い多年草の植物です。その吾亦紅をモチーフにしたポストカードを製作します。

※型紙の下絵見本：P.172

型染め

作業の流れ

豆汁下地 → 糊置き → 色差し → 糊伏せ → 引き染め（一度染め）→ 天日干し → 引き染め（二〜四度染め）→ 媒染 → オキシドールによる酸化 → 糊落とし

生地全体を藍の生葉で染め、吾亦紅の葉はゲンノショウコの染液で、花は顔料を差して表現します。さらに葉の部分には鉄媒染を施すことで、立体感のある繊細な仕上がりに。なお、生地の左右には、あらかじめ当て布を縫い付けてあります。

材料

1. 麻生平布（精練済み） …… 20cm×25cmにカット済み
2. ハガキ …… 1枚
3. 大豆粉 …… 水1ℓに対して約30g
4. 現の証拠（ゲンノショウコ） …… 6g
5. 藍の生葉 …… 生地の体積の4倍程度（浸し染めほどは必要無い）
6. 粉末顔料（赤紫・本洋紅） …… 小さじ半分程度
7. 木酢酸鉄 …… 4cc
8. オキシドール …… 水1ℓに対して10cc

道具

- 型紙
- 防染糊
- S字フック
- ボウル（ステンレス）
- 型付けヘラ
- 乳鉢
- 乳棒
- 糊筒
- 摺り込み刷毛
- 刷毛
- 張り手
- 伸子
- 計量カップ
- アイロン
- 養生テープ
- ボンド

STEP 1 型紙を使って糊置きする

01 型紙は、柔軟にするために水に浸けておく

02 水から上げた型紙をタオルで、上から軽く押さえて水気を取る

03 生地を平らな板の上に置き、文鎮等を置いて動かないようにしてから、養生テープで固定する

04 ヘラで糊を取り、型紙の上から置いていく

05 最初は少し力を入れて、ヘラを進行方向に向けて斜めに倒しながら動かす

06 次に、力を抜いて糊を盛るようにして厚みを付ける

型染め

07 型紙が動かないよう、奥へ向かってヘラを動かす時は手前を、手前に向けて動かす時は奥を、反対の手で押さえる

08 付け終えたら、型紙を角からゆっくりとはがす

09 1枚の生地からポストカードを2枚以上作る場合、1cmくらいの余白を設けて次の段に移動する

10 型紙が動いてしまう時は文鎮などで押さえ、04〜09を繰り返す

11 全て付け終えたら、型紙を外す

12 使い終わった型紙は水に浸けて、糊がふやけたら洗って乾かしておけば、繰り返し使用できる

STEP 2 張り手と伸子で生地を張る

13 糊置きを終えたら養生テープを外し、P53を参考に、生地を張り手に取り付ける(当て布の部分に針を刺す)

14 柱などにロープを括り付け、張り手側のひもに下から引っ掛けて、ロープを手前に引く(写真左側が張り手のひも)

15 手前に引いたロープを、もう一度張り手のひもの下を通して1回転させる。そのまま柱に引っ掛けたロープの下を通して輪を作り、その輪の中を通す

16 最後に、輪を張り手側に引っ張って結ぶ

17 P53を参考に、生地の裏側に伸子を取り付けてピンと張る

18 表側を上に向けて、糊が乾くまで干す

STEP 3 吾亦紅の花に色差しする

19 本洋紅の顔料を、小さじ1/3程度取る

20 燃料用のアルコールまたはエタノールを少し入れる

21 乳棒で溶いて、顔料とアルコールを混ぜる

22 赤紫の顔料を少しだけ取り、21に加える(顔料の分量は、染め付ける色に合わせて変える)

23 そこに、濃いめに作った豆汁を、顔料が溶ける程度入れる

24 乳棒を使い、丹念に混ぜ合わせる。豆汁を入れることで、顔料の色が定着するようになる

25 しっかりと混ぜ合わせたら、別の容器に移す

Point

26 端切れの布等に顔料を差して、色を確かめる

27 張り手と伸子を一度外していた場合は、再度屋外に出して取り付ける

28 19〜25で作った顔料液を、吾亦紅の花の部分に摺り込み刷毛で差す

摺り込み刷毛が無い場合は小筆で代用することも可能

29

30 全体を差し終えたら一度乾かし、乾いたら上からもう一度差していく

STEP 4 色を差した箇所に糊を伏せる

31 糊筒に内金と外金をセットする。外金の先端を紙ヤスリで削り、穴を空ける

32 このように穴が空けばOK。金属が詰まっている場合は、先の尖った細い棒などで、先端を通す

33 菜箸などの先端に内金をはめ、筒の内側に取り付ける

34 外金もはめたら、糊筒を水に浸ける

35 水から出し、タオルで水気を取る。箸などの先端を糊に付け、パスタを巻くように巻いて糊を取る。箸を糊筒の中に差し入れ、押し込んで糊を先端に送る

36 先端には水が溜まっているので、糊筒を押して少し出す

37 生地を張り手から外し、養生テープで板に固定する。顔料を差した上に、糊筒で糊を置いていく(口金が浮いていると糊が付きにくいため、口金を生地に当てた状態で、糊を付ける)

38 糊筒と外金、内金は染料店で購入できるが、この写真のように醤油差しやオイル差し、ホイップクリームの絞り袋(口が細いもの)等でも充分に代用できる

STEP 5 藍の生葉で全体を染める(引き染め)

39 糊伏せを終えたら、張り手と伸子を付けて干す

40 P.34〜35を参考に、藍の生葉の染液を作る

41 刷毛で染料を取り、端から引いていく

42 多量の染液を刷毛に含ませて引くと裏側まで浸透してしまうので、少量を伸ばすように広げていく

型染め

43 満遍なく引いたら、一度目の引き染めは完了

44 そのまま日光の下で乾かし、酸化させる

45 乾いたら色の具合を見ながら、二度目の染めを行なう。その後、同様の手順で三度目も行なう

Point

46 時々、生地を裏返して裏側まで染液が浸透してしまっていないか確認しながら染める

47 好みの色の濃さになるまで、繰り返し染める

48 染め終わったら、1%のオキシドール液を引く

STEP 6 ゲンノショウコで吾亦紅の葉を染める

49 ゲンノショウコの染液を作る。ステンレスのボウルに水を入れ、乾燥させたゲンノショウコをハサミで細かく切ってボウルに入れる

50 ボウルを火にかけ、沸騰したら弱火にして20分煮込み、染液を抽出する

51 抽出した一番目の染液は別の容器に移し、水を足してそのまま再度火にかける。それぞれ一番液、二番液と分かるようにしておく

52 吾亦紅の葉の部分に、ゲンノショウコを差す。今回は一番液では濃すぎるが、二番液では薄すぎるため、両方を混ぜて使う

STEP 7 媒染液を塗る

53 水200ccに対して木酢酸鉄4mlを混ぜ、2%の媒染液を作る

54 ゲンノショウコを差した部分に、鉄媒染液を差す

型染め

Point

55 　差した直後から、ゲンノショウコが鉄に反応して発色する

56 　鉄媒染液を差し終わったら、乾かして張り手から外し、一日置く

STEP 8 　糊を落とす

57 　ボウルに水を張り、生地を20分程度浸ける

58 　20分経ったら、水を流しながら生地を斜めに引っ張るようにして、糊を落とす

59 　糊を落としたらキレイな水に変えて、再度水洗いする

60 　張り手に付けて、干す

STEP 9 ポストカードを仕上げる

61 生地が乾いたら張り手から外し、アイロン台の上でアイロンをかける

62 当て布からポストカードとして使う部分までを、ハサミで切り落とす

63 ポストカードに貼る大きさに切る

64 生地の目に沿ってハサミで切り、形を整える

65 切った生地を裏返して、水性の木工用ボンドを四辺に塗る

66 上下・左右のバランスを見ながら、ポストカードに貼る

67 手ぬぐい等で上から押さえ、はみ出たボンドを取る

68 ボンドが乾けば完成

Column　一番液と二番液

煮出して染液を抽出した植物は、一度だけでなく何度も繰り返し、染液を抽出することができます。一番最初に抽出した液のことを「一番液」、次に抽出した液を「二番液」と言い、数字が増えるほど染液は薄くなっていきます。何回抽出できるかは植物によって異なり、多いものだと8回くらい、取れる場合もあります。監修の染工房シゲタでは多くの場合、煮出した染料はそのまま使わずに、一番液や二番液を合わせることで色の濃さを調節しています。ただし、色の濃さは染める回数や媒染剤によっても変わってくるため、染める前から完成品を予想し、染液の濃さを調整するのは、初心者には難しいでしょう。実際に様々な染料で染めているうちに、染め上がりの色も予想が付くようになってくるので、失敗を恐れずに色々と試してみることをお勧めします。

左が茜の三番液で、右が四番液。明らかに4番液の方が薄いのがわかる

蓮のタペストリー

「清らかな心」という花言葉を持つ蓮の花は、日本人にとって馴染みの深い植物です。ここでは蓮の花をモチーフにした、ミニタペストリーを製作します。

※型紙の下絵見本：P.173

作業の流れ

豆汁下地 → 糊置き → 色差し → 糊伏せ → 引き染め → 媒染 → 蒸し → 糊落とし → 仕上げ

豆汁下地をした生地に糊を置き、茜の染液と顔料で蓮の花弁を染めます。その上に糊を伏せ（上から糊を置くことを「伏せる」と言う）、全体を藍の生葉で染め上げた後、小鮒草で蓮の葉を表現します。色を定着させるために、染め物用の簡易蒸し器を使用するため、製作難易度は高めだと言えます。

材料

1. 麻生平布（精練済み） …… 20cm×62cmにカット
2. タペストリー用の棒とひも …… 棒は、ひもを通す穴のあるものと無いものを1本ずつ
3. 大豆粉 …… 水1ℓに約30g
4. 小鮒草（コブナグサ） …… 6g
5. 顔料（赤紫） …… 小さじ半分程度
6. 藍の生葉 …… 生地の体積の4倍程度（浸し染めほどは必要無い）
7. 茜 …… 3g
8. ミョウバン …… 15g
9. オキシドール …… 水1ℓに対して10cc程度

道具

- 型紙（糊置き用と糊伏せ用）
- 紗（糊伏せ用）
- 防染糊
- S字フック
- ボウル（ステンレス）
- 乳鉢
- 乳棒
- 面相筆
- 摺り込み刷毛
- 刷毛
- 張り手
- 伸子
- 計量カップ
- アイロン
- 養生テープ
- 簡易蒸し器
- マチ針

STEP 1 型紙を使って糊置きする

01 張り手と伸子で生地を張り、豆汁を生地に引いて、日光で乾燥させ、1日置く

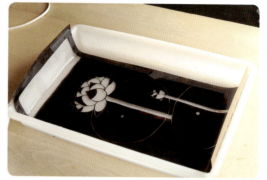

02 あらかじめ型紙を水に浸けておく

03 型紙を水から出し、タオルで水気を取る

04 青花を筆に付け、タペストリーの縫い代(棒を通す縫い代)の寸法を書く。今回は天地4cmずつの位置に線を引く

05 04で書いた縫い代に合わせて型紙を置く

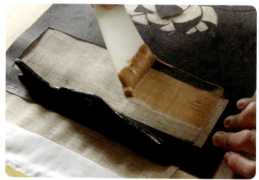

06 柄に合わせて、ヘラで糊を置いていく

型染め

Point

07 縁の部分には、厚めに糊を置く(型紙の下に糊が入り込まないように注意)

08 今回のように生地が縦長の場合、線の流れに沿って置くと、はみ出さずに上手に糊を置くことができる

09 型紙を少しはがし、絵柄通りに糊を置けているかどうか確認し、問題なければ型紙をはがす(薄い部分がある場合は、型紙を戻して上からさらに糊を置く)

10 使い終わった型紙は水に浸けておき、糊が緩くなったら洗う

11 P.53とP.80を参考に、張り手で生地を挟み、ロープを柱に引っ掛ける

12 裏側に伸子を刺してピンと張らせ、糊を置いた方を上に向けて乾かす

STEP 2 茜と小鮒草の染液を作る

13 ステンレスのボウルに水を入れ、乾燥タイプのインド茜を入れる

14 ボウルを火にかけ、水が沸騰したら弱火にして20分煮込む

15 煮詰まると、このように染液が抽出され、茜の染料は底に沈む

16 染液を濾すため、ザルに不織布を二重に置く

17 液を不織布の上から容器に移す。この染液が一番液となる

18 水を足し、再度14〜17を行ない二番液から四番液までを作る

19 次に、乾燥させた小鮒草をハサミで細かく切りながら、水を入れたステンレスのボウルに入れる

20 ボウルを火にかけ、茜と同様に水の沸騰後20分煮込み、染液を抽出する

STEP 3 蓮の花に色を差す

21 赤紫の粉末顔料を少量取り、乳鉢に入れる

22 濃いめに作った豆汁を、顔料が溶ける程度入れる

23 乳棒で摺りつぶしながら、顔料と豆汁を混ぜる

Point

24 端切れの布等に顔料を差してみて、色を確かめる

25 P.53や80を参考に、張り手と伸子で生地を張る。蓮の花の、糊を置いていない部分に、21〜24で作った顔料液を差す

26 色差しの際は、液が糊の外側にはみ出さないように注意する

27 生地を乾かす。その間に茜の染液を準備する。今回は茜の3番液と4番液を混ぜて使う

28 顔料を差した花びらの上から、摺り込み刷毛で茜の染液を差していく

Point

29 染料が生地に入っているかを確かめたい場合は、裏返して確認する。茜を差した部分の色が濃くなっていれば、染料がしっかりと生地に入っている

30 花びらに色を差し終えたら、生地を乾燥させる(湿度が高い日は糊の中に染料が入っていきやすいので、色差しには適さない)

31　生地が乾いたら再度、28〜30を行なう(二度染め)。好みの色の濃さになるまで繰り返し染める

32　水500mlに対して15gのミョウバンを加熱して溶かし3%のミョウバン液を作り、色差しした箇所に重ねて差す

STEP 4　色を差した箇所に糊を伏せる

33　生地から張り手と伸子を外し、平らな台の上などに養生テープで固定する

34　型紙を水に浸けておく

35　タオルで型紙の水気を取り、糊を置いた位置に合わせて載せる

36　型紙を覆うようにして紗を載せ、文鎮で押さえ、養生テープで留める

37 ヘラを使い、型紙からはみ出ないように、外側から内側へと糊を置く。最初はしっかりと力を入れて置き、その後は力を抜いて、盛るようにして厚みを付ける

38 養生テープをはがし、型紙をゆっくりと外す。その後、張り手と伸子で張って乾かす

STEP 5 藍の生葉で染める

39 糊が乾いたら、全体を藍の生葉で染める。P.34〜35を参考に染液を作り、刷毛で染液を引いていく

40 染液は少量ずつ取り、伸ばすように広げていく

Point

41 蓮の花の上の部分は、糊を置いた箇所の際までは塗らないようにする。少し手前で少しぼかしたような感じに止めておくことで、風情が出る

42 生地を乾かしたら、上から重ねて藍の生葉を引く（二度染め）。白場（余白）まで染液がしみ込まないように気を付ける

43 時々裏側を向けて、染液がしみ込んでしまっていないか確認する

44 生地が乾いたら色の具合を見て、三度染め、4度染めを行ない、好みの色になるまで繰り返す

STEP 6 オキシドール、小鮒草、ミョウバン液を塗る

45 1%のオキシドール液を作る。刷毛でオキシドール液をたっぷりと取り、生葉を染めた上から重ねて引く

46 生地を乾燥させて酸化を促す

47 蓮の葉に当たる部分に、P.95で作った小鮒草の1番液（別の容器に移しておく）を引く

48 輪郭の際から、糊をはみ出さないように注意して引く

型染め

Point

49 この時点では色の変化が分かりづらいが、媒染することで色が変わるので問題ない

50 生地を乾燥させる。乾いたら二度染め、三度染めと繰り返す

51 三度染めまで行ない生地を乾かしたら、P.97を参考に3%のミョウバン液を作り、小鮒草を引いた箇所に引く

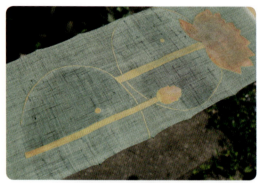

52 生地を乾燥させる。小鮒草がミョウバンに反応することで、黄緑色に変わる。1日置く

STEP 7 蒸し器で蒸す

53 ミョウバン液が乾いたら張り手と伸子を外し、新聞紙で挟む

54 このように生地の天地と平行に、新聞紙ごと丸める

55 ナイロンのロープを2周以上回してから、結ぶ

56 簡易蒸し器のタンクに水を8分目まで入れ、火にかける

57 本体の内蓋を取り、新聞紙でくるんだ生地を入れ、内蓋と外蓋を締める

58 タンクに本体を合わせ、沸騰してから30分程度、蒸す

STEP 8 糊を落とす

59 蒸し器から出し、ボウルに張った水に20分程度浸ける

60 水を流しながら、布を斜めに引っ張るように動かして、水の中で糊を落とす

61 一度水を替えて、再度水洗いする

62 張り手を取り付け、乾くまで干す

STEP 9 タペストリーを仕上げる

63 張り手を外し、当て布をハサミで切り落とす

64 棒を通すための、縫い代を折る。まずは生地全体にアイロンをかけて整え、天側を1cm幅に折り、折り目にアイロンをかける

65 棒の円周を巻いた長さよりも少し長め（今回は2.5cm）の位置に、マチ針を刺す

66 マチ針を刺した位置を山にして折り、アイロンで押さえる

型染め

67 地側を1cm折り、アイロンで押さえる

68 折った状態で、地の端から2.5cmのところにマチ針を刺す

69 マチ針を刺した位置を山にして、折る

70 この状態で一度、棒が入るかどうかを、実際に入れて確かめる

71 最後に、天地それぞれをミシンで縫い、棒を通す。天側の棒にはヒモを通して結ぶ

72 以上でタペストリーは完成。棒に通したヒモを掛けて、飾ることができる

❋ トートバッグの茜染め

茜の根で鮮やかに染めたトートバッグに、花柄の模様を型染めします。模様は左右の端に入れることで、主張し過ぎず洗練された印象に仕上げます。

作業の流れ

- 精練
- KLC処理
- 先媒染
- 煮染め（一度染め）
- 後媒染
- 二度染め
- 糊置き
- 色差し
- 糊落とし

トートバッグは精練した上で、KLC処理を施します（植物染料の場合、この処理を行なうことで染め付けが良くなる）。また、ミョウバン媒染は染色より前に行なう「先媒染」です。茜には主に日本茜・西洋茜・インド茜などがありますが、本書ではインド茜を使用します。茜の中で最も濃い色に染まるのがインド茜で、二番液くらいまでは、とても深い赤色に染まります。また日本茜や西洋茜よりも根が太く、一本の茜から収穫できる量が多いという、染色向きの特徴を持っています。

材料

① トートバッグ（麻と綿の混紡） ……… 天地38cm×左右32cm
② ソーダ灰 ……… トートバッグの重さの5％
③ ミョウバン ……… 6g
④ KLC-N ……… トートバッグの重さの20％
⑤ バインダー DL ……… サンカラー 1に対して9の割合
⑥ 墨汁 ……… 少量
⑦ 液体顔料サンカラー（ホワイト） ……… 少量
⑧ インド茜 ……… トートバッグの同量〜2倍

道具

- ・型紙
- ・防染糊
- ・平筆
- ・ボウル（ステンレス）
- ・洗濯ネット
- ・ドライヤー
- ・アイロン
- ・ヘラ
- ・養生テープ

STEP 1 染めるための下準備をする

01 P.40を参考に、5%のソーダ灰液でトートバッグを精錬する

02 水洗いした後、染めるものの20〜50倍の湯に、20%のKLC-Nを加えてトートバッグを浸け、80〜90℃で30分吸収させる

03 ミョウバン6gを量り、200cc程度の水と混ぜる

04 容器を火にかけてミョウバンを溶かす

05 04に水を加え3ℓのミョウバン液にして、トートバッグを20分浸す

06 トートバッグを水洗いする

STEP 2 茜の染液で煮染めする

Point

07 P.94を参考に茜の染液を煮出し、このように4番液まで作り容器に移しておく

08 今回は茜の二番液と三番液を混ぜて使う。それぞれをステンレスのボウルに入れ、火にかける

09 温度が50°くらいになるまで温め、トートバッグを入れる

10 トートバッグを染液に浸し、菜箸で動かす

11 温度が80°くらいにまで上がったら、火を弱める

Point

12 ムラになるのを防ぎたいのであれば、煮ている最中は菜箸で絶えず動かす

13 20分経ったら火を止め、染液が冷めるまで置く

14 染液が冷めたら、トートバッグを水洗いする

15 05のミョウバン液に、トートバッグを再び浸ける（20分）

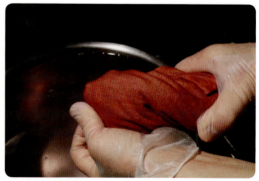

16 20分経ったらトートバッグをミョウバン液から出して水洗いし、よく絞る

17 トートバッグをもう一度染液の中に入れ、08〜14を行なう（二度染め）

18 トートバッグを洗濯ネットに入れ、洗濯機で軽く脱水する

STEP 3 型紙を使って糊を置く

19 型紙は水に浸けておく

20 型紙を水から出し、タオルで水気を取る

21 トートバッグの柄を入れたい位置に型紙を合わせ、文鎮で動かないようにする

22 型紙を養生テープで固定する

23 ヘラで糊を取り、型紙の上から糊を置いていく

24 ヘラで糊を伸ばすようにして、柄の周囲にしっかり置く

25 このように、模様の形に糊が置けていればOK

26 型紙の長さが足りないので、型紙をずらしてから再度糊を置いていく

27 反対側にも同じように、型紙を合わせて糊を置く

28 型紙をずらして、天地の端から端まで模様を付ける

Point

29 バッグの中にボール紙や段ボール等の台紙を入れ、型崩れを防ぐ

30 持ち手にハンガーやS字フックを通し、干す

STEP 4 顔料と墨で色を差す

31　墨汁を適量、お皿に出す

32　そこに少量の水を加え、サンカラーのホワイトを加える

33　バインダーDL（定着液）を加える（サンカラー1に対してバインダーDL9の割合）

34　平筆で混ぜ、グレーの染色液を作る

35　中のボール紙は入れたまま、糊を置いた模様の部分に、34の液を差す

Point

36　一度にベッタリと液を差すのではなく、数回に分けて少しずつ、隙間を埋めるように繰り返し色を差すことで、手描き特有の味が出る

37 ぬり絵のようにキレイに差そうとするよりも、強弱を付けながら柄を描くように差していく

38 このように、糊の外側にはみ出さないように、模様全体に色を付ければOK

39 ドライヤーを弱に設定し、色を差した部分にドライヤーの風を当てて乾かす

40 アイロン台にトートバッグを乗せ、上から当て布を被せる

41 色を差した部分にアイロンをかけることで、色を定着させる

Point

42 バッグの内側から見て、色の定着具合を確認する。色を差した箇所と地の色とで、パッと見て差が付いていることが分かれば良い

STEP 5 糊を落とす

43 ボウルに水を溜め、トートバッグを水に浸して20分程度置き、糊を落とす

44 水の中で生地を斜めに引っ張り、こびり付いた糊を落とす

45 洗濯ネットに入れ、洗濯機で軽く脱水する

46 脱水が完了したら干し、乾けば完成

Column　日本茜

茜には、セイヨウ茜、インド茜、日本茜など大きく分けて3種類があります。その中でも日本茜は、日本で初めて染色に使用された植物であると言われており、邪馬台国の卑弥呼が魏国王に、日本茜で染めた反物を献上したという記録が残っているほど、古い時代から染技法が確立していました。しかし、根が細く染色には多くの量が必要になることや、流通量が少なく貴重であることから、日本茜が染色に利用される機会は減ってしまいました。それでも近年、日本の伝統色として、日本茜の魅力を広めていこうという動きもあります。

十文字模様の藍染めトートバッグ

深みのある藍色に、白い十文字模様が映えるトートバッグです。インド藍で染め上げた後で、"抜染"という技法を使って模様を施します。

型染め

作業の流れ

精練
↓
染液の準備
↓
染色・中和
↓
抜染処理
↓
糊落とし

精練したトートバッグを、インド藍の染液を使って藍染めします。その後、藍模様糊とハイドロを混ぜたものを型紙の上から置くことで、染めた藍の色を抜く「抜染」という処理を行ない、綺麗な十文字模様を刻みます。

材料

① トートバッグ(麻と綿の混紡) 　　天地38cm×左右32cm
② インド藍液 　　125cc
③ ソーダ灰 　　トートバッグの重さの5%
④ 藍染め液安定剤 　　97.5cc
⑤ 酢酸(料理用のお酢でも代用可) 　　水1ℓに対して5cc
⑥ 藍模様糊 　　15g
⑦ ハイドロ 　　2.5g(藍用)
　　　　　　　　0.75g(抜染用)
・藍溶解液C 　　150CC

道具

・型紙
・ボウル(ステンレス)
・洗濯ネット
・アイロン
・ヘラ
・養生テープ
・シルクスクリーン用の紗

115

STEP 1 トートバッグの精練をする

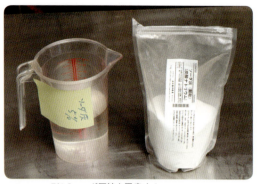

01 5%のソーダ灰液を用意する

02 P.40を参考に、トートバッグを浸して精練する

STEP 2 藍染め液を作る

03 ボウルに水を入れ、藍溶解液Cを水1ℓあたり30cc加える（今回は水5ℓに対し150cc）

04 菜箸やガラス棒を使い、03の液をよくかき混ぜる

05 藍染め液安定剤を、97.5cc加える

06 続いて、05の液にハイドロを2.5g加える

型染め

07 液をさらにかき混ぜる

Point

08 インド藍液は色素が下の方に沈殿しているので、袋の下の方を揉みながらよく振る

09 インド藍液を125cc量る

10 03〜07で作った液に、インド藍液を加える

11 液を混ぜる(ちなみに、混ぜると出てくる泡は「藍の華」と呼ばれている)

12 このように色が変われば、藍染め液が完成(染めた後は液を再利用できるので、ボウルの上にラップをかけて、蓋をして保管しておく)

117

STEP 3 トートバッグを染める

13 精練したトートバッグは染める前に、水に浸けておく。水を含みにくい生地なので、手で動かして含ませる

14 藍染め液の中にトートバッグを浸けて染める(染め方はP.137〜139で詳細に解説)

STEP 4 抜染用の糊を作る

15 藍模様糊15gを器に出す

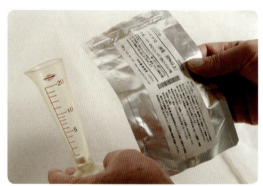

16 ハイドロを、藍模様糊の5％分量る

17 ハイドロは粒子が粗く溶けにくいため、濾す。ここではシルクスクリーン用の紗を適当な大きさ(15cm×20cmくらい)に切り、濾し袋として使用する

18 紗の端同士を合わせて、テープで留める

型染め

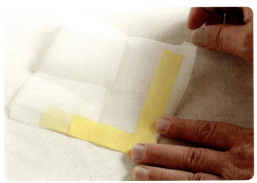

19 地の部分も合わせて折り返し、テープで留める

20 このように1か所のみ口を空けた、袋状の手作り濾し袋が完成

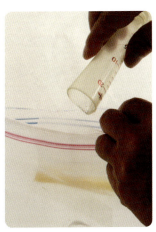

21 作製した濾し袋を、ジップロックなどの袋の内側に入れて手で押さえ、濾し袋の中に量ったハイドロを入れる

22 濾し袋とジップロックの口を押さえて振り、ハイドロをジップロックの中に落とす

23 濾したハイドロを、15の藍模様糊に加える

24 ヘラを使って、糊とハイドロを混ぜ合わせる（ハイドロが酸化してしまうため、ハイドロを袋から出してから、大体90分以内で仕上げるようにする）

STEP 5 型紙の上から糊を置く

25 型紙は水に浸けておき、水から出した後にタオルで水気を取る

26 干していたバッグを取り込み、アイロンをかける

Point

27 バッグの中にボール紙や段ボール等の台紙を入れ、型崩れを防ぐ

28 左右のバランスを見ながら、型紙をバッグの上に置き、文鎮等で固定する

29 ヘラでハイドロ入りの藍模様糊を取り、上の方から置いていく

30 ヘラを下から上へ動かすようにして、糊を擦り込んでいく

31 型紙の全体に満遍なく置けたら、型紙を外す。このとき、模様の部分にしっかりと糊が置かれているか、全体を確認する

32 持ち手をハンガーに通し、3時間以上放置する

STEP 6 糊を落とす

33 ボウルの上にアクリル板などを置き、その板の上で水を流す

34 水を流しながら、ペンキ刷毛を使って糊を落とす

35 糊を落とし終えたら、バッグを畳んで洗濯ネットに入れ、洗濯機で軽く脱水する

36 バッグを洗濯機から出して干す。乾けば完成

ステンシルで作るオリジナルTシャツ

草木染めではありませんが、型紙の上から顔料等の塗料を摺り込む、「ステンシル」の手順を紹介します。

※型紙の下絵見本：P.172

作業の流れ

ステンシルの場合、絵柄は顔料を使って描きます。描きたい柄によって変わりますが、今回は型紙を使ってペンギンの輪郭を描き、フリーハンドで色を付けます。

材料

1. Tシャツ（精練済み） ……………… 天地56cm 左右50cm
2. サンカラー
   （バイオレットFBL、エロー GL、ブルー BL、ホワイトKL）
   ……………… それぞれ塗る範囲に応じて使用
3. 墨汁 ……………… 塗る範囲に応じて使用
4. バインダー DL ……………… サンカラーの量に応じて使用

道具

- 型紙
- 太めの荒っぽい筆
- 小皿
- 摺り込み刷毛
- 新聞紙
- ドライヤー
- アイロン

STEP 1 顔料で色を作る

01 最初に液体顔料（サンカラー）を準備する。4色を使うので、小皿を4色分用意する

02 小皿に少量の水を入れ、そこに白の顔料を加える

03 02を3皿分用意し、それぞれ黄色、青、紫の顔料とバインダーDLを加え、筆で混ぜる（サンカラー1に対し、バインダーDLが9の割合）

04 墨汁と水を混ぜ、バインダーDLを加えたものを合わせて、計4色を準備する

STEP 2 墨汁を摺り込んで輪郭を描く

05 夕刊分くらいの厚さの新聞紙を、Tシャツの中に入れる（柄を描く位置に合わせて入れる）

06 柄を描きたい位置に型紙を置き、養生テープで留める

型染め

07 04の墨汁を摺り込み刷毛で取り、ベッタリとならないように、余分は布に取る

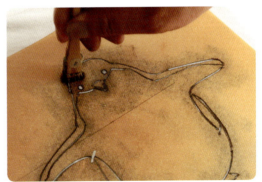

08 型紙の彫った部分を摺り込み刷毛で擦るようにして、墨汁を摺り込ませる

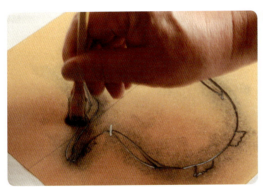

09 墨汁を追加しながら、彫った部分を何度も繰り返し擦り、摺り込ませる

Point

10 型紙をめくってみて、墨汁が付いていない部分は無いか確認する

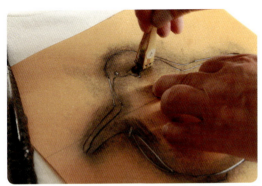

11 しっかりと墨汁が付いていない部分があれば、再度その部分を擦って摺り込ませる

12 摺り込みを終えたら型紙を外す。すぐに次の色を差すと滲んでしまうため、ここで一旦乾かす（使い終わった型紙は洗っておく）

STEP 3 顔料で色を付ける

13 太めの荒っぽい筆を使い、色を入れる。最初はブルーの液でペンギンの胴体を塗る

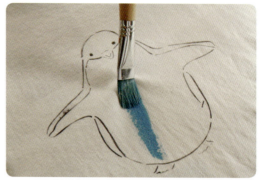

14 今回は型紙を使うのは輪郭だけで、中の色はフリーハンドで描く

Point

15 手描きの雰囲気を表現したい場合は、キレイに隙間なく色を塗るのではなく、このようにザックリとしたタッチで色を入れていくと良い

16 次に黄色の顔料で、ペンギンのクチバシを差す。筆は色ごとに変えた方が良い

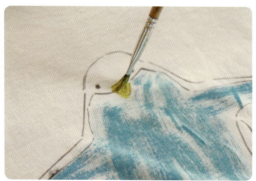

17 多少はみ出しても気にせずに、手書きの良さを意識して色を入れる

18 胴体の周りには、バイオレットの顔料を差す

型染め

19 頭の部分まで色を差したら、乾かす

20 これで色付けが完成。ここでは比較的シンプルな絵柄で解説したが、型紙を作ることができれば、より複雑な柄や文字をプリントすることも可能だ

STEP 4 熱を加えて色を定着させる

21 色を付けた部分にドライヤーを当てて乾かす

22 Tシャツの上に手ぬぐいを被せ、当て布にする

23 当て布の上からアイロンをかける

24 アイロンをかけることで、顔料を生地に定着させる

Column 染料の保存方法

藍染めの染液は、染めた後も繰り返し再利用することができます。空気に触れると酸化が進んでしまうので、蓋のできる容器に入れてラップをかけ、蓋をしめて常温で保存しましょう。暗いところに置いておくと、液が長持ちします。

監修の染工房シゲタでは、大量の藍染め液を使用するため、大きなポリタンクに入れて保存している

染料を煮出して抽出した染液は、何番液かの区別が付くように、それぞれを容器に移しておきましょう。抽出してからすぐに使うのが理想ですが、保存する場合はペットボトル等の保存できる容器に移しておけば、平均で一週間程度保存できます。ただし藍の生葉染め（P.29〜）の場合は、染液を作ってから20分以内に染めないといけません。

煮出した茜の染液。すぐに使用しない場合は、ボトルに移して冷蔵庫で保存しておく

染料として使うために採集した植物は、天日干しして乾燥させておくことで、長期間保存しておくことができます。ちなみに乾燥させたタデ藍の葉は、「藍建て」（タデ藍に含まれるインディゴの成分をアルカリ溶解液で還元させ、水に溶ける成分に変えること）という工程を経ることで、藍染めに利用することができます。

採集した小鮒草を天日干ししているところ。天気の良い日に採集して水洗いし、3日間干して乾燥させる。夜間は湿気を避けるために室内で干す

絞り染め
SHIBORIZOME

絞り染めは、布を折ったり縛ったりして、布の一部に染料が付かないようにすることで模様を作る、日本の伝統的な染色技法です。

絞り染めとは

絞り染めとは、布地を巻いたり縮めたりすることで、染まる部分と染まらない部分を作る染色技法です。絞り染めの歴史は古く、6〜7世紀頃にはすでに、日本で絞り染めが行なわれていたと言われています。模様を染めるための最も原始的な技法であり、日本各地に絞り染めの伝統的な技法が伝わっています。その中には緻密な模様を生み出すものもあれば、模様や色合いの不規則な変化を楽しむ絞り方もあります。

手筋絞り（P142〜152）で染めたTシャツを開いたところ。布の折り方や縛り方によって、多彩な模様を出せる点が、絞り染めの面白いところだ

絞り染めの道具

絞り染めでは、布を折ったり縛ったりする際に、様々な道具を使用する場合があります。本書では2種類の絞り方を紹介しますが、板締め絞りは染めたい模様に合わせた形の板と、それを固定するための角材、そして太くて丈夫な輪ゴムがあればできます。手筋絞りでは、折った布を縫うための針と糸を始め、タコ糸、ナイロンロープ、アイロンなど多くの道具を必要とします。あらかじめ必要な道具を準備してから製作に臨みましょう。

板締め絞りでは、布を挟む三角形の板（2枚）と、それを固定するための角材（4本）、そして輪ゴムを使用する。全てホームセンター等で購入できる

手筋絞りは手の込んだ絞りの技法で、折った布を縫い留めた上でナイロンロープの芯を通し、タコ糸でグルグル巻きにする

絞りの技法

江戸時代に流行した「板締め絞り」の技法を使い、藍と刈安の染料で手ぬぐいを染めます。また、名古屋地方の郷土文化である有松・鳴海絞りの一種「手筋絞り」の技法を用いて、藍染めのTシャツを作ります。

・板締め絞り

ジャバラ状に折った手ぬぐいを三角形の板で挟んで染める、いわゆる「雪花絞り」に近い染め方

・手筋絞り

縦方向に折った布を糸でグルグル巻きにして模様を出す。昔は藁のひもを芯に使っていたが、現在はビニールひもを使うのが一般的

使用する染料

絞り染めは、昔から藍染めにおいて用いられることが多く、本書でも藍の染液で絞り模様を付けます。板締め絞りでは、藍で絞り模様を付けた後に、刈安の染液で全体を黄色く染め上げます。

・インド藍

「インディゴ」の語源になったインド原産の藍の総称で、"藍"という植物の中で、藍の成分の保有率が最も高い。本書では、液状で使いやすい田中直染料店の「インド藍液」を使用する

・刈安

本州の山野に自生する、イネ科の多年草。高さは60～100cmになり、ススキに似た小穂を付けるのが特徴。昔から黄色を染めるための染料として重宝されてきた

藍と刈安の板締め絞り染め手ぬぐい

綿100%の手ぬぐいに、板締め絞りで模様を付けます。藍染めで絞り模様を付けた後、刈安で全体を染めます。

作業の流れ

絞りの作業 → 藍染め → 藍染め（二度染め） → 色止め（酢酸） → 脱水 → KLC処理 → 刈安染め → 媒染（ミョウバン） → 刈安染め（二度染め）

生地を三角形に繰り返し折り、三角形の板で挟むことで雪花風の模様にします。藍染め→酢酸→KLC→刈安染め→ミョウバン媒染 という流れで、藍染めと刈安染めはどちらも2回ずつ行ないます。

材料

① 手ぬぐい（綿100％） ……… 36cm×90cm（30g）
② インド藍液 ……… 125cc（作る量・濃さに応じる）
③ ミョウバン ……… 4g
④ ソーダ灰（精練に使用） ……… 手ぬぐいの重さの5％
⑤ 藍染め液安定剤 ……… 97.5cc
⑥ 酢酸（料理用のお酢でも代用可） ……… 水1ℓに対して5cc
⑦ ハイドロ ……… 2.5g
⑧ 刈安（乾燥） ……… 約60g
・KLC-N ……… 手ぬぐいの重さの20％
・藍溶解液C ……… 150cc

道具

・木の板（三角形）2枚
・角材 4本
・輪ゴム
・ボウル（数種類）
・ゴム手袋
・S字フック
・洗濯ネット
・不織布
・ザル
・菜箸

STEP 1 布を折る

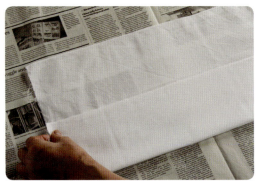

01 手ぬぐいを横に広げ、天地を3分の1くらいの幅に折る

02 同じ幅にもう一度反対に折り、三つ折りにする

03 三つ折りにした手ぬぐいの端を、三角形に折る

04 三角形の大きさは、板の大きさより少し大きめに折る

05 手ぬぐいを裏返して、同じ大きさの三角形に折る

06 再度裏返して、三角形に折る

絞り染め

07 裏返しては折り、また裏返しては折る、という作業を繰り返していく

Point

08 全てぴったりに折ると、染めた後の線の長さが全て均等になるが、多少アバウトに折ることで手作りの味を出すのもおすすめ

09 最後、同じ大きさで折れないところまで折ったら、手ぬぐいを少し余らせるか、あるいは小さめに折る

10 以上で折る作業が完了

11 手ぬぐいの下に三角形の板を置く

12 上にも板を置き、板で手ぬぐいを挟む

13 三角形の底辺側を、角材で上下を挟む

14 角材の両端に輪ゴムをかけて、角材同士を留める

Point

15 いきなり両方をきつく留めるのは困難なので、どちらか一方は緩めに留める

16 15の反対側をきつめに留めてから、緩く留めておいた方をしっかり留める

17 三角形のてっぺん側も、同じように角材で挟む

18 底辺側と同じように、まずは片方を緩めに留める

絞り染め

19 18の反対側をきつく留めてから、緩く留めておいた方をきつく留める

20 このようにしっかり固定することで、手ぬぐいの板に挟まっていない部分のみを染めることができる。角材は板の厚さによっては、竹の割り箸で代用することもできる

STEP 2 藍染め液に浸して染める

21 藍染めの作業ではゴム手袋をはめる。ボウルに水を張り、生地を浸けて水を含ませておく

22 P.116〜117を参考に、藍溶解液などの助剤を加える

23 最後にインド藍液を加えて混ぜる

Point

24 木綿の布を染液に浸け、色を確かめる。浸けた直後は緑色に近く、空気に触れ酸化して青く変わっていく

25 手ぬぐいを染液に3分浸ける(タイマーで計る)

26 板の浮力で浮いてくるので、手で押さえておく

27 3分経ったら、染液から取り出す

28 水に軽く浸し、すぐに取り出す

29 S字フックなどに輪ゴムを引っ掛けて、3分間、酸化させる

30 再び染液の中に浸け、1回目と同様に3分押さえて浸しておく

絞り染め

31 中和のため、酢酸を使う。水1ℓに5ccの酢酸を加える

32 酢酸を加えた水に、手ぬぐいを浸す。なお、酢酸が無い場合は料理用のお酢で代用することもできる

33 酢酸から取り出し、水洗いする

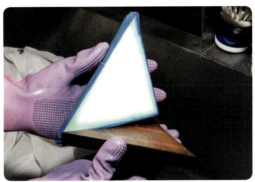

34 角材と板を外す

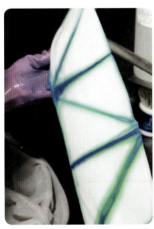

35 手ぬぐいを広げる。このように、折り畳んだ布の山折部分のみが染まっている

36 手ぬぐいを洗濯ネットに入れ、洗濯機で軽く脱水する

STEP 3 刈安で染める

37 ステンレスのボウルに刈安を入れ、水を入れる

38 ボウルを火にかけて、20分程度煮込む

39 ザルに不織布を二重に被せて、抽出した液を濾す(一番液)。ボウルに水を足し、再度火にかけて二番液を取る

40 ミョウバン液を用意する(水2ℓに対してミョウバン4g)

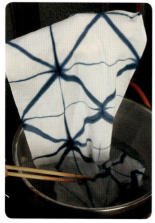

41 手ぬぐいの20～50倍の湯にKLC20%を加え火にかけ、80～90°になったら弱火にし、手ぬぐいを浸ける

42 約30分間、吸収させる。手ぬぐいを取り出し、水洗いする

絞り染め

43 刈安の一番液と二番液を混ぜて火にかけ、手ぬぐいを浸ける

44 菜箸で手ぬぐいを動かしながら、20分煮る

45 火を止めて手ぬぐいを取り上げる。ボウルに水を溜め、軽く水洗いする

46 40で作成したミョウバン液に、手ぬぐいを20分浸ける

47 ミョウバン液に浸けている時も、菜箸で時々動かしてやる

48 手ぬぐいを水で洗ってから再度、刈安の染液に浸け、ボウルを火にかける。20分煮込んだら水洗いし、干す

藍の手筋絞り染め Tシャツ

有松鳴海絞りの代表的な絞り方である「手筋絞り」の技法と藍染めで、縦筋模様の和モダンなTシャツを作ります。

作業の流れ

```
絞りの作業（下書き）
    ↓
絞りの作業（ジャバラ折り）
    ↓
藍染め
    ↓
藍染め（二度染め）
    ↓
色止め（酢酸）
    ↓
脱水
```

手筋絞りは折る回数が多く、糸で縫ったりアイロンをかけたりと工程に手間がかかりますが、その分繊細な模様を染めることができます。折ったTシャツの中にナイロンのロープを束ねた芯を入れることで、模様を均等に出すことができます。なお、折る作業はアイロンを使うので、アイロン台の上で行ないます。

材料

① Tシャツ ……………………… 天地56cm×左右50cm
② インド藍液 ……………………… 125cc（作る量・濃さに応じる）
③ ソーダ灰（精練に使用） ……………………… Tシャツの重さの5%
④ 藍染め液安定剤 ……………………… 97.5cc
⑤ 酢酸（料理用のお酢でも代用可） ……………………… 水1ℓに対して5cc
⑥ ハイドロ ……………………… 2.5g
・藍溶解液C ……………………… 150cc

道具

- 青華
- 面相筆
- 洗濯バサミ（大・小2種類）
- 縫い針
- 縫い糸（30番くらいの太めの糸）
- たこ糸
- ナイロンロープ
- ボウル（ステンレス）
- S字フック
- 洗濯ネット
- ゴム手袋

STEP 1 青華で模様の位置を描く

01 Tシャツを精練して乾かし、袖下3cmくらいのところに青華で印を付ける

02 反対側の袖下にも印を付け、それぞれを線で結ぶ

03 前身頃の中心を、写真のように指でつまむ

04 そのまま上に持ち上げて、Tシャツを2つに折る

05 脇と脇の線を合わせる

06 折り目に沿って、青華で線を引く

絞り染め

07 Tシャツの後面を上に向け、前側と同じように袖下3cmくらいの位置に印を付け、線を引く。その後、03〜06を後面でも行なう

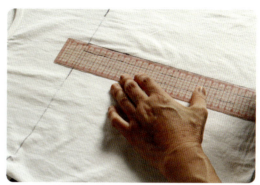

08 前面を上に向けて、ラインの中心から1.5cm間隔で、縦に線を引いていく

Point

09 この間隔で模様の幅が決まるので、完成イメージに合わせて変えれば良い

10 後面も、前面と同じ間隔で線を引く

STEP 2 ジャバラ状に折る

11 前面を向け、左端の線から2つ横の線をつまんで山折りにし、その左の線で谷折りにする

12 折った箇所をアイロンで押さえる

13 続けて、山折りと谷折りを1つおきに繰り返すことで、ジャバラ状に折っていく

14 1つ折る度に、必ずアイロンで押さえる

15 半分くらいまで折ったら、洗濯バサミで仮留めする

16 引き続き、ジャバラ折りを繰り返す

17 仮留め後も、折る度にアイロンで押さえる

18 端まで折ったら、再び仮留めする（**19**を参照）

絞り染め

19 大きめの洗濯バサミを使い、全体を仮留めする

20 以上で、ジャバラ折りの作業が完了。ここから、糸で留めていく

STEP 3 縫い付けて固定する

21 30番くらいの太めの糸を長めの縫い針に通し、端から針を通す

22 途中で糸を引っ張りながら、1つひとつの折りごとに、折山と谷の中心あたりに通していく

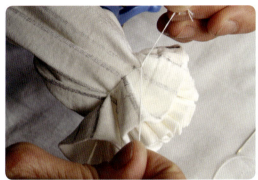

23 針を最後まで通したら、両側を裏から引っ張ってきて交差させ、ギュッと縛って糸を結ぶ

24 余った糸を切る

25 縛った部分の、中心あたりと脇の下側の端も同じように縫って結び、合計3か所を縫う

26 3か所を縫い終えたら、洗濯バサミを外す

STEP 4 芯を通しひもで縛る

27 ナイロンのロープを半分に折り、マスキングテープで留める（太くするためなので、もっと太いロープを使用する場合、この作業は必要ない）

28 ロープの折った部分に、写真のように伸子の針を刺して、Tシャツの首の穴から通す

29 28でTシャツの首から通したロープを、裾から出す

30 裾から出したロープを、固定できる場所に引っ掛ける（写真は壁の杭に引っ掛けたS字）。裾とロープの境目辺りを洗濯バサミで留める

絞り染め

31 裾の端から3cmくらいの位置に、タコ糸を二重に回してギュッと縛る

Point

32 力が必要な作業なので、タコ糸を固いものに巻いておくと引っ張りやすい

33 ヒダとヒダの間に染料が入り込まないように、2cmおきくらいに巻いてはギュッと絞り、巻いてはギュッと絞るを繰り返す

34 33の作業を、脇の下3cmくらいの位置まで行なったら、その位置で2〜3回巻く

35 余分な糸を切り、緩まないように2回しっかりと結ぶ

36 以上で絞りの作業が完了。この状態で染液に浸けて染めれば、表面に出ていない部分には染液が付かず、模様ができる

STEP 5 インド藍で染める

37 ボウルに水を張り、Tシャツを浸す

38 タイマーで3分を計る。P.116〜117を参考にインド藍の染液を用意し、Tシャツを入れ、動かしながら染める

39 縛っていない部分はムラにならないように、時折広げながら、揉むように動かす

40 3分経ったら、Tシャツを染液から出して軽く絞る

41 水を張ったボールにTシャツを浸けて、水の中で3分間動かす

42 Tシャツをハンガーにかけて干し、2、3分酸化させる

絞り染め

43 2、3分経ったら、再びTシャツを染液に入れる（二度染め）

44 一度目と同様に、Tシャツを手で動かしながら3分間浸し染める

45 3分経ったら、Tシャツを染液から取り出して絞る

46 水を張ったボウルにTシャツを入れ、水の中で3分間動かす

47 Tシャツをハンガーにかけて干し、2、3分酸化させる

48 空気に触れていない部分を広げて見て、緑色の部分があれば、もう少し待つ

STEP 6 酢酸に浸けて中和させる

49 ボールに水を張り、酢酸を加える（水1ℓに対して5cc）

50 インド藍で染めたTシャツを、3分程度浸ける

51 3分経ったらTシャツを酢酸から取り出し、水洗いする

52 Tシャツを洗濯ネットに入れ、洗濯機で軽く脱水する

53 Tシャツを洗濯機から出し、たこ糸と縫い糸を切り、ナイロンロープの芯を外して広げる

54 開いた部分は、外側に出ていた部分のみに染料が付き、このような縦筋模様になる。ハンガーにかけて干し、乾けば完成

ろうけつ染め
ROUKETSUZOME

絵柄や模様の形にろうを付けることで防染する、伝統的な染色技法です。ろう特有のひび割れによる亀裂などが、型染めとは違う独特の味わいを醸し出します。

ろうけつ染めとは

防染効果のあるろうを置き、染めた際にろうを置いた部分に染料が付かないようにすることで、絵柄や模様を描く染めの技法をろうけつ染めと言います。ろうを筆に含ませて描くのが基本ですが、身近な道具を型として利用することで、様々な形を描くことができます。ろうは用途に応じて何種類かあり、染色用品店等で購入できます（P.174参照）。本書では、パラフィンと木ろうを混ぜて使います。

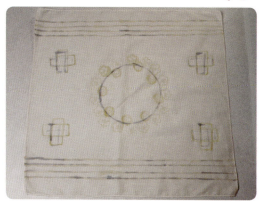

青華で下書きした上から、筆や型でろうを置いた状態。この状態で染めると、ろうを置いた部分には染液が付かない

ろうの種類

・パラフィン

石油から作られた白色半透明の固体で、市販されているロウソクのほとんどは、このパラフィンが原料となっています。固くて脆いため、木ろうと混ぜて使用するのが一般的です。

防染力は高いが、そのままでは使いづらい。木ろうと混ぜて使用されることが多い

・木ろう（もくろう）

ハゼの実から作られる天然のろうです。成分は脂肪なので、正確にはろうではありません。日本の特産物であり、海外では「Japan Wax」として知られています。

木ろうは防染力は弱いが、粘りがあり柔らかい。染色材料店やレザークラフト専門店などで購入できる

・白ろう（はくろう）
木ろうを晒して、白くしたろうのことです。染色用途の他、力士の髷を整える際の鬢付け油（びんつけあぶら）としても利用されます。

・蜜ろう
ミツバチが巣を作る際に、腹部から分泌されるもので、ミツバチの巣を採取し、加熱圧搾することで作られます。粘り気があり割れにくいため、ろうけつ染めに適していますが、他のろうよりも比較的高価です。

ろうの置き方

・筆で描く
線や文字を描く場合は、筆にろうを付けて直接描いていきます。ろうけつ染め専用の筆を使うのが理想ですが、複雑な模様や絵柄を描きたいのでなければ、通常の面相筆で充分です。

・型を使う
お菓子作りや料理に使う型も、ろうを置くのに利用できます。百円ショップ等に行けば、様々な形の型が手に入るので、いろいろと試してみると良いでしょう。また、丸や四角の容器やその蓋も、型の代わりになります。

簡単な線を引く程度なら、面相筆で充分だ。複雑な模様や文字を描きたい場合は、ろうけつ染め専用の筆を使うことをおすすめする

クッキーを作る時に使う型を使えば、簡単に花の形等にろうを置くことができる

花柄入り 柿渋染めハンカチ

柿渋染めのハンカチに、ろうけつ染めの技法を使って模様を付けます。中央の花柄はお菓子の型で描いています。

作業の流れ

精練
↓
柿渋染め
↓
ろう置き
↓
色付け
↓
柿渋染め
↓
媒染（鉄）
↓
ろう落とし
↓
ソーピング

ハンカチは最初に柿渋で薄く染めてから、ろうを付けていきます。中央の花柄は、よくあるお菓子の型で、その内側の丸はアルミの板を丸めたもので描いています。ろうを溶かす火の調整などはコツが要るので、慣れないうちはいきなり本番の布にろうを付けていくのではなく、別の布に試して温度等を調整すると、失敗の確率を下げることができます。

材料

① ハンカチ（木綿） ……… 天地45cm 左右45cm
② 液体石鹸 ……… 分量は製品パッケージを参照
③ 柿渋液 ……… 20ccを2回分
④ 木酢酸鉄 ……… 水1ℓに対して20cc
⑤ ソーダ灰（精練に使用） ……… ハンカチの重さの5％
⑥ 墨汁 ……… 少量
⑦ 液体顔料サンカラー ……… 少量
⑧ ろう（木ろう・パラフィン） ……… 柄や模様に合わせた適量
・バインダーDL ……… 少量

道具

- 計量カップ
- ボウル（ステンレス）
- コンロ
- ステンレスの容器
- 丸を描くための、缶の蓋
- 面相筆
- 定規
- 金属型（3種類）
- 伸子
- 摺り込み刷毛
- 菜箸
- 新聞紙
- アイロン

STEP 1 柿渋でハンカチを染める

01 計量カップを使い、柿渋液20ccを量る

02 ボウルに1ℓの水を入れ、そこに20ccの柿渋液を加える

03 ゴム手袋をはめ、軽く混ぜる

04 液の中にハンカチを入れ、手で3分程度動かしながら染める

05 ハンカチを水洗いする

06 ハンカチを乾くまで干す

ろうけつ染め

STEP 2 ろうを付ける準備をする

07 ステンレスの容器にパラフィンと木ろうを入れ、火にかける

08 弱火でろうを溶かす。火が強いとろうが滲んで置きづらくなるため、沸騰させないように注意する

09 ここから、ろうが垂れるので新聞紙の上で作業する。柿渋で染めたハンカチを2つに折って三角形にし、もう一度折る

Point

10 09の折り方をすると、写真のように布の中心が分かる。中心を合わせ、好みの大きさの丸いフタ等を置く

11 面相筆で青華を取り、フタの周りをなぞる(コンパスを使っても良い)

12 ハンカチの中央に円を描くことができた

13 11で描いた円の上に、赤・黒・青のラインを描くため、まずは青華で線を引く

14 円の下にも、同じようにラインを描くための線を引く

STEP 3 型を使ってろうを付ける①

15 お菓子作り用の型を使い、ろうを花の形に付けていく

16 型の先をろうに付ける

17 型を動かす際にろうが垂れるため、押すところの近くまで新聞を置いて、型をハンカチに押し付ける

18 このように一定間隔を空けて型を押していき、青華で描いた円の周りに花柄を描く

ろうけつ染め

Point

19　ろうの量が多かったり、ろうを溶かす温度が高すぎたりすると、このように滲んでしまう。ハンカチの前に、新聞の上に軽く押して、ろうの量を調節すると良い

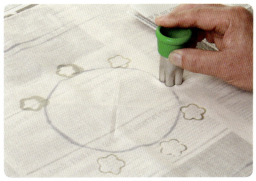

20　円を等分するように、隙間へ型を押していく

STEP 4　型を使ってろうを付ける②

21　次に、アルミの板を丸めて筒状にしたもので、小さな丸を描く

22　筒状にしたアルミ板の先をろうに付ける

23　円の内側、花と花の間あたりに型を押し、ろうを付けていく

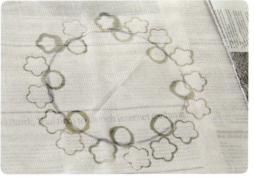

24　円の内側に沿って、一定間隔でろうを付けた状態

STEP 5 型を使ってろうを付ける③

25 次に、古いシガレットケースを型として使い、長方形の形にろうを付けていく

26 ケースにろうを付け、青華で描いた形に合わせて押す

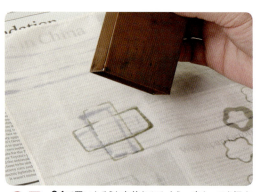
27 26で置いたろうと交差させて、もう一度ケースを押す

Point
28 ろうが上手く付かなかった場合は、筆を使って修正する

STEP 6 筆でろうを付ける

29 面相筆にろうを付け、上下のラインの上に付けていく

30 線と線の間には顔料で色を付けるので、線が太くならないように注意する

ろうけつ染め

31 22〜24で描いた丸の中に、筆で模様を加える

32 花の中には、雄しべの模様を加える

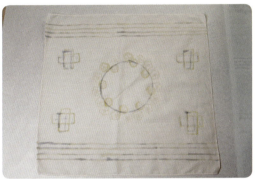
33 これで、ろうを付ける作業が完了。ろうがしっかりと付いていない部分が無いか確認する

34 ろうが乾いたら裏面を向けて、伸子を対角線上に二本取り付けて交差させ、交差した部分はひもで結んでおく

35 さらに伸子を二本、ろうで引いたラインと平行になる向きで取り付け、生地をピンと張る

36 伸子が交差した部分を持ち、手首を返して持つ。この状態で色を付けていく

STEP 7 色を付ける

37 サンカラーの「ホワイトKL」と「ピンクBL」を混ぜ、バインダーDLを加えて、淡いピンク色にする

38 型で付けたろうからはみ出さないように気を付けながら、摺り込み刷毛で花にピンク色を付ける

39 摺り込み刷毛を置くようにして、色を付けていく。その後、シガレットケースで押したろうの内側にも、ピンク色を付ける（**41**参照）

40 墨汁と水、バインダーDLを混ぜ、摺り込み刷毛で中央のラインに墨色を付ける

41 中央の円を挟んだ反対側のラインにも、**40**の墨色を付ける

42 サンカラーの「ブルーBL」と「ホワイトKL」、さらに墨を混ぜ、丸い模様の中に色を付ける

ろうけつ染め

43 上下のラインにも、42と同じ色を付ける

44 反対側のラインにも、同じように色を付ける。さらにシガレットケースで押したろうにも、それぞれ色を付ける

45 次に、サンカラーの「レッドBL」と「バイオレットFBL」を混ぜ、ろうのラインの間に付ける

46 シガレットケースで付けたろうの中央に、40と同じ墨色を付ける

47 42で色を付けた丸い模様の外側にも、墨色を薄めに付ける

48 これで、色を付ける作業が完了。伸子を表側に付け直して干す

STEP 8 柿渋染め・鉄媒染を行なう

49 P158の01〜03を参考に、柿渋の染液を作る

50 柿渋液が固まっている場合は、濾してから使う

51 ハンカチをゆっくりと浸ける

52 ムラにならないように手や菜箸で動かしながら、5分間浸ける

53 5分経ったら染液から取り出し、ボウルに水を張る

54 水を張ったボウルにハンカチを浸ける

ろうけつ染め

55 続けて鉄媒染を行なう。木酢酸鉄を20cc量る

56 量った木酢酸鉄を1ℓの水に入れ、2%の鉄媒染液を作る

57 鉄媒染液の中に、ハンカチをゆっくりと浸ける

58 約5分間、鉄媒染液に浸けておく(時々動かす)

59 5分経ったら、水に浸けて余分な媒染液を洗い流す

60 水から出してハンカチを絞り、干して乾かす

STEP 9 ろうを落とす（ソーピング）

61 ハンカチが乾いたら、アイロン台の上に新聞紙を厚めに敷き、その上に載せる。その上からさらに新聞紙を2枚以上被せる

62 アイロンを低温に設定して、新聞紙の上からアイロンを当ててろうを溶かし、新聞紙に吸い取らせる

63 上に被せた新聞紙を外してみて、ろうが吸い取れたかどうか確認する

64 まだ充分に吸い取れていない場合は、再び新聞紙を被せて、アイロンを当てる

65 被せた新聞紙を外してみる。新聞紙が溶けたろうを吸っているが、アイロンでは完全には取り除けない

66 ステンレスのボウルに水を張り、液体石鹸を入れて混ぜ、火にかける

ろうけつ染め

67 石鹸水が沸騰したらハンカチを入れ、菜箸で動かしながら、10〜15分間煮る

68 ボウルを火から外し、水を出してぬるくしながら、菜箸で動かしてすすぐ

69 急に冷たくするとろうが固まってしまうので、水を流しながら、冷めてきたら手で動かす

70 ハンカチを広げるように動かして、残ったろうを全て落とす

71 石鹸とろうを全て落としたら、水から出して絞る

72 ハンカチを干して乾かせば完成

草木染め用語集

染料（せんりょう）
繊維に着色できる色素のうち、水に溶けるものを指す。植物染料と合成染料があり、本書では基本的に植物染料のことを指して言う

精練（せいれん）
繊維に付着した汚れや不純物などを取り除く工程。精練を行なっていない布は、ムラになりやすく染め付きも悪い

オキシドール
過酸化水素水のことで、濃度3%のものが消毒剤として市販されている。藍の生葉染めにおいて、発色を促すための酸化剤として利用する

伸子（しんし）
生地の裏側に付けて、ピンと張るために使う竹の棒。棒の両端に針が付いており、針を生地の耳に刺して利用する

防染糊（ぼうせんのり）
もち粉と小紋糠で作る、型染め用の糊。型紙の上からこの糊を置くことで、糊を置いた場所には染料が付かず、それによって模様を表すことができる

カシュー
カシューナッツの木から採れる油で作られた塗料。昔から家具や神社仏閣等の建造物に使用されてきた。型紙と紗を接着する用途にも使用される

濃染処理（のうせんしょり）
染料の染め付きを良くするために行なう処理のこと。豆汁下地の他、植物染料用の濃染処理剤「KLC-N」を使う場合もある

顔料（がんりょう）
繊維に着色できる色素のうち、水に溶けないものを指す。天然の鉱物などから作られる顔料を無機顔料、染料の色素を沈殿させて作られる顔料を有機顔料と呼ぶ

豆汁下地（ごじるしたじ）
大豆の粉を水に溶かした汁で、布にタンパク質を加えるための処理。麻や綿などの植物繊維に、染料への反応を促し染まり付きを良くするために行なう

媒染（ばいせん）
植物染料を布の繊維に定着させ、より発色させるための工程。染める前に媒染することを先媒染、染めた後の媒染を後媒染と呼ぶ

張り手（はりて）
生地が水平を保つように、宙吊りにするための道具。二本の木の間にある針で生地の左右を挟み、柱などにロープで括り付け、生地を宙吊りにする

型紙（かたがみ）
専用の紙に柄を彫り紗を貼った、型染め用の型紙。使い方や配置次第で、連続模様にしたり柄に変化をもたらすことができる

青華（青花・あおばな）
ツユクサの花から採れる青い染料、またはその液を和紙に吸収させた青花紙のこと。水で洗い流すと消えるため、下絵用の染液として利用される

ハイドロ
藍染めや抜染に使用する還元剤。「ハイドロサルファイト」や「ハイドロコンク」という名称で販売されている。酸化により変質しやすいため、扱いには注意が必要

抜染（ばっせん）
型染めの技法の1つで、染料で染めた布の上に抜染剤を含んだ糊を置き、その部分だけ色を抜くことで柄や模様を表す

ソーダ灰（そーだばい）
アルカリ媒染に使う薬剤で、炭酸ナトリウムの無水物。媒染だけでなく、生地の精練にも利用でき、用途が広い

酢酸（さくさん）
料理用の酢に3～5％含まれる、酸味と刺激臭を持つ成分。藍染め後の中和に利用できる酸性染料の助剤として、80％の酢酸液が販売されている

藍の生葉染め（あいのなまばぞめ）
タデ藍の葉と水のみの染液に、布を浸して染める草木染め。単に「藍染め」という場合は、藍の葉を発酵させて作る染液で染めることを言う

浸し染め（ひたしぞめ）
染液の中に布を丸ごと浸す染め方。「浸染（しんぜん）」とも言う。加熱しながら染めることを「煮染め」、冷ましながら染めることを「冷染（れいせん）」と呼ぶ

柿渋（かきしぶ）
まだ青い状態の渋柿を搾汁し、発酵熟成させたもの。家具や洋服の耐久性を高めたり、防腐や防虫の効果があるため、日本では昔から重宝されてきた

パラフィン
石油から作られる、ろうそくの原料になる固体。防染力が強いが硬くて使いづらいため、ろうけつ染めでは木ろうと混ぜて使用する

一番液（いちばんえき）
煮出し等によって植物染料から抽出した、1回目の染液。2回目は二番液、3回目なら三番液と呼び、一番液が最も濃く染まる

木酢酸鉄（もくさくさんてつ）
農薬などに使われる木酢液に鉄を反応させて作る、鉄媒染用の液。草木染め用に製造されたものが各社から販売されている

ミョウバン
アルミニウムを含む鉱物で、媒染や防水などの用途で、昔から重宝されてきた。染料品店にある生ミョウバンの他、料理用の焼ミョウバンも媒染に利用できる

藍染め（あいぞめ）
藍を発酵させた「すくも」を、アルカリ液に浸け、非水溶性のインディゴを水溶性にした（この工程を"建てる"という）藍染め液を使う、日本の伝統的な染色方法

引き染め（ひきぞめ）
伸子で張った生地に、刷毛で染液を引く染め方。浸し染めとは違う色合いになり、型染めやろうけつ染めなどの模様染めで利用されることが多い

板締め絞り（いたじめしぼり）
折り畳んだ布を板で挟み、染料に浸して染める絞り染めの技法。丸や三角形、四角形等の連続模様を作ることができる

木ろう（もくろう）
ウルシ科のハゼの実から作られる天然のろう。海外では「JAPAN WAX」として知られる日本の特産物で、柔らかく粘りがあり、ろうけつ染めに適している

下絵の見本

ここでは、型染め（P.51～）で使用した型紙の下絵を、原寸大または50％縮小版で掲載しています。使用する場合はコピーしたものを、P.54～55の方法で型紙にトレースしてください（50％縮小の下絵は、200％に拡大コピーして使用してください）。なお、ここに掲載している下絵は、本書で使用したものと完全に同じものではなく、あくまで再現したものです。寸法には若干の誤差があります。

コースター（P.66～）ウサギ：原寸大

コースター（P.66～）桜：50％

ポストカード（P.76～）：原寸大

ステンシル（P.122～）：50％

タペストリー（P.90〜）：50%　　※花の先から4.7cmほど上部に、約7cm×20cm（生地の幅）の空きを設ける（P.92 06〜P.93 07で糊を置いている箇所）

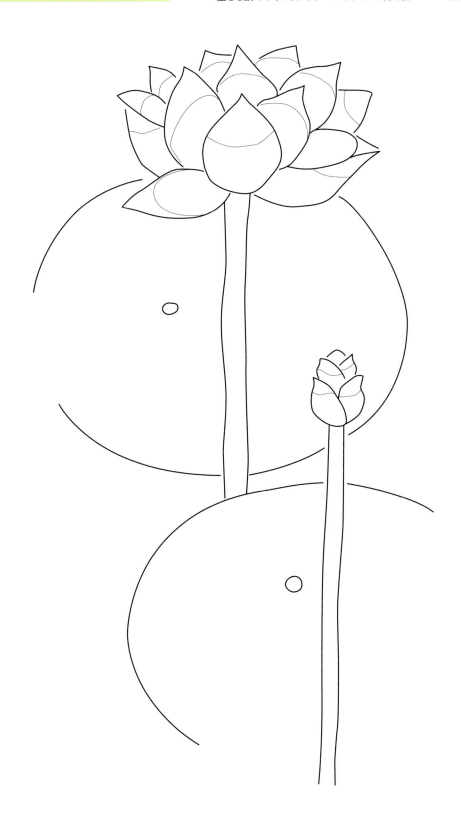

染料・染色道具を購入できるお店

本書内で使用している染料や道具は、全国の染色用品店などで購入できるものがほとんどです（自家栽培の植物や野山から採取した植物を除く）。以下では、染料や染色道具を扱う主な店舗を掲載していますので、参考にしてください。なお、お店によって取り扱い商品や送料、対応可能なご注文内容等に違いがありますので、各店舗のWebサイトをご確認ください。

田中直染料店
住所：京都市下京区松原通烏丸西入玉津島町312
電話：075-351-0667
URL：https://www.tanaka-nao.co.jp/shop

藍熊染料
住所：東京都台東区雷門1-5-1
電話：03-3841-5760
URL：http://www.aikuma.co.jp

SEIWA
住所：東京都新宿区下落合1-1-1
電話：03-3364-2113
URL：http://seiwa-net.jp/

山宗実業
住所：京都市北区大宮薬師山東町16-3
電話：0120-111-894
URL：http://www.yamasou-kyoto.co.jp/

三彩
住所：東京都渋谷区渋谷2-14-5 共栄ビル1F
電話：03-3407-0834
URL：http://www.sansai-store.jp

三木染料店
住所：鹿児島県鹿児島市下荒田4-48-4
定休日：土・日・祝日
電話：099-255-6101
URL：http://www.mikisenryouten.co.jp/

SPECIAL THANKS

染工房シゲタ

工房の隣には藍畑があり、夏には青々としたタデ藍が生い茂る。他にも様々な野山の染料を調達でき、自然を活かしたオーガニックな物作りが可能だ

手間を惜しまず本当に"良い物"だけを届ける

多くの依頼に対し、一つひとつ手作業で対応。経験に裏付けされた作業効率の良さと、息の合った共同作業によって大量の仕事をこなす

東京の檜原村に工房を構え、染物屋を営む繁田夫妻。デザインから染色、縫製までを一貫して請け負う、顧客のイメージに合わせた物作りが評判を呼び、仕事の依頼が絶えない。伝統的な手法を用いながらも「現代に通じるデザインを」という信念を持ち、オリジナル製品の製作・販売も行なう。特にポストカードは、25年間で12万枚を販売するほどの人気ぶり。

繁田泰治氏
染物屋の家に生まれ、幼い頃から染色に触れる。幅広い染色の知識と自由な発想で、オリジナル商品から展示会の企画までを手掛ける

繁田あきの氏
20歳から独学で染色を始め、個展を多数開催。植物や動物をモチーフにした作品を中心に、自然の素材で多様な芸術作品を生み出す

染工房シゲタ

住所：〒190-0222 東京都西多摩郡檜原村人里1838

電話・FAX：042-598-8450

JAPANESE DESIGNS MADE WITH NATURAL DYEING

草木で染める
和の絵柄と模様

2018年12月31日 発行

STAFF

PUBLISHER
高橋矩彦　Norihiko Takahashi

EDITOR
西下聡一郎　Soichiro Nishishita

DESIGNER
小島進也　Shinya Kojima

ADVERTISING STAFF
久嶋優人　Yuto Kushima

SUPERVISOR
染工房シゲタ　Somekoubou - Shigeta

PHOTOGRAPHER
小峰秀世　Hideyo Komine

COOPERATION (撮影協力)
たなごころ　http://www.tanagokoro.biz

PRINTING
シナノ書籍印刷株式会社

PLANNING, EDITORIAL & PUBLISHING
㈱スタジオ タック クリエイティブ
〒151-0051 東京都渋谷区千駄ヶ谷3-23-10　若松ビル2F
STUDIO TAC CREATIVE CO.,LTD.
2F, 3-23-10, SENDAGAYA SHIBUYA-KU, TOKYO 151-0051 JAPAN
［企画・編集・デザイン・広告進行］
Telephone 03-5474-6200　Facsimile 03-5474-6202
［販売・営業］
Telephone 03-5474-6213　Facsimile 03-5474-6202

URL http://www.studio-tac.jp
E-mail stc@fd5.so-net.ne.jp

警告

■この本は、習熟者の知識や作業、技術をもとに、編集時に読者に役立つと判断した内容を記事として再構成し掲載しています。そのため、あらゆる人が作業を成功させることを保証するものではありません。よって、出版する当社、株式会社スタジオ タック クリエイティブ、および取材先各社では作業の結果や安全性を一切保証できません。作業により、物的損害や傷害の可能性があります。その作業上において発生した物的損害や傷害について、当社では一切の責任を負いかねます。すべての作業におけるリスクは、作業を行なうご本人に負っていただくことになりますので、充分にご注意ください。

■使用する物に改変を加えたり、使用説明書等と異なる使い方をした場合には不具合が生じ、事故等の原因になることも考えられます。メーカーが推奨していない使用方法を行なった場合、保証やPL法の対象外になります。

■本書は、2018年11月20日までの情報で編集されています。そのため、本書で掲載している商品やサービスの名称、仕様、価格などは、製造メーカーや小売店などにより、予告無く変更される可能性がありますので、充分にご注意ください。

■写真や内容が一部実物と異なる場合があります。

STUDIO TAC CREATIVE
㈱スタジオ タック クリエイティブ
©STUDIO TAC CREATIVE 2018 Printed in JAPAN

●本書の無断転載を禁じます。
●乱丁、落丁はお取り替えいたします。
●定価は表紙に表示してあります。

ISBN978-4-88393-845-2